PAULO ARANTES

A FRATURA BRASILEIRA DO MUNDO

CADERNOS ULTRAMARES

ORGANIZAÇÃO E PROJETO GRÁFICO
Marcos Lacerda, Ana Paula Simonaci e Sergio Cohn

ISBN 9786586962420

azougue press |
coordenação geral Sergio Cohn
coordenação editorial
Sergio Cohn — Darien Lamen — Cristián Jiménez Plaza
Brasil | CNPJ 12.272.339/0001-26
Portugal | Oca Editorial NF 515805394
USA | E. Id. 803650511
Chile | Tucán Ediciones RUT 77.369.106-1

A proposta dos Cadernos Ultramares é transpor fronteiras. Não apenas geográficas, com a edição de um amplo panorama do pensamento brasileiro para o público português, mas também entre as áreas do saber, criando uma coleção transdisciplinar, acessível não apenas para leitores especializado, pesquisadores e acadêmicos, como para interessados em geral.

Para isto, os Cadernos Ultramares privilegiam a leveza do ensaio, a "brigada ligeira", utilizando-se de um gênero marcado pela abertura e experimentação, uma forma privilegiada para a proposição e a apresentação de interpretações da cultura e da sociedade. Nos últimos anos, o gênero ensaio tem sido revalorizado como um importante meio de diálogo entre a pesquisa acadêmica e a sociedade.

O Brasil possui uma produção riquíssima de pensamento em diversas áreas, que vão da física à antropologia, da matemática às artes. Os Cadernos Ultramares, ao trazerem importantes textos de alguns dos nossos mais renomados pensadores, sejam clássicos ou contemporâneos, busca possibilitar ao leitor um olhar amplo e qualificado sobre essa produção.

Interessa-nos a constituição de um diálogo entre áreas, de uma conversa aberta que escape das armadilhas do pensamento especializado e do produtivismo acadêmico. Interessa, antes de tudo, a valorização do encontro do leitor com o sabor do texto, do prazer da leitura e da troca livre de pensamento.

apresentação

por Marcos Lacerda

Paulo Arantes é um dos filósofos mais importantes do Brasil. Sua obra envolve livros sobre a tradição do pensamento Hegeliano e Marxiano (*Ressentimento da Dialética*, 1996 e *Hegel: a ordem do tempo*, 1981), ensaios críticos sobre o tempo presente e a sociedade contemporânea (*O novo tempo do mundo e outros ensaios*, 2014), sobre o capitalismo global e a sociedade brasileira contemporânea (*Zero à esquerda*, 2004 e "*1964, o ano que não terminou*", 2010) e também um esforço para pensar de forma crítica pensadores seus contemporâneos, como Roberto Schwarz e Antonio Candido ("Sentimento da dialética", 1992) e a própria formação da filosofia no Brasil (*Um departamento francês de Ultramar*, 1994). Assim, podemos dizer que o seu pensamento trabalha com o pensamento filosófico mais rigoroso, associado à tradição da filosofia ocidental; às questões do pensamento crítico a respeito do tempo presente, com atenção para as relações entre capitalismo global e sociedade brasileira; ao trabalho generoso de análise e reflexão sobre os seus pares intelectuais, tais como Roberto Schwarz,

Gilda de Melo e Souza, Bento Prado Junior, Ruy Fausto e José Arthur Gianotti, com o intuito de contribuir para uma acumulação crítica da produção intelectual feita no Brasil.

Em tempos de crise institucional, política, social e cultural no Brasil contemporâneo, ler ensaios como "1964, o ano que não terminou" e "Depois de junho, o mundo acabou" servem como orientação precisa e vivíssima a respeito da complexidade estrutural e história da forma como a sociedade brasileira é atravessada e, a seu modo, atravessa a sociedade mundial. Do mesmo modo que, em tempos de crise intelectual profunda, com um rebaixamento do horizonte cultural em todas as classes, é muito importante realçar os seus livros que apresentam, de forma crítica e descritiva, o melhor do melhor da intelectualidade brasileira, dos sociólogos e críticos literários aos filósofos da escola filosófica e sociológica da USP. É por conta disso que cabe destacar aqui um dos seus mais importantes trabalhos: o livro *O departamento francês de Ultramar*.

Existe um capítulo irônico da história das ideias que ecoa a questão da estruturação da sociedade capitalista contemporânea: a dispersão voluntarista, fragmentada, que se nega ao trabalho da acumulação crítica orgânica, que era um dos defeitos do pensamento filosófico no Brasil, passa a ser a moda da intelectualidade europeia e dos EUA em fins da década de 1960. No mesmo período, em contraponto, entre a intelectualidade de São Paulo, começa a se desenvolver um esforço para a construção de uma filosofia no Brasil, como resultado da acumulação crítica de exegese rigorosa e disciplinada da tradição do pensamento filosófico, radical e acertadamente contrária à fragmentação e dispersão voluntarista pós-moderna. Tal empreendimento resultou na formação de uma tradição filosófica no país que pode ser considerada exemplar não só em relação ao que se tinha feito por aqui, mas também ao que se estava fazendo no mundo. O Departamento Francês de Ultramar, no fundo, estava na vanguarda do pensamento.

Para coleção ultramares foi selecionado o ensaio *"A fratura brasileira do mundo"* (2004), publicado no já mencionado livro "Zero à esquerda". O ensaio inicia com a apresentação de um tema recorrente na inteligência nacional, uma espécie de mitologia compensatória do conjunto de supostos acasos históricos que prometeriam ao Brasil um futuro grandioso, a despeito, inclusive, do caráter negativo destes "acasos históricos". Na verdade, o pressuposto de que, a despeito das nossas misérias cada vez mais explícitas, teríamos construído formas de sociabilidade e de cultura que, um dia, poderiam ser vistas como alternativas vigorosas às formas de sociabilidade do capitalismo. Ao mesmo tempo, a sensação de que sempre estamos atrasados em relação à marcha do mundo desenvolvido e, em especial, no que diz respeito às revoluções industriais e tecnológicas. Teríamos, em certa medida, um encontro marcado com o futuro. Nossas mazelas, em especial, o dualismo bruto entre uma elite dominante autorreferente e criminosa, e uma base social que se engalfinha, numa luta de classes horizontal; mesmo o rigor da divisão de classes, entre outras coisas, poderia ser superado caso conseguíssemos afirmar a nossa singularidade cultural, o que pode haver de positivo na dialética da malandragem, no limiar entre a ordem e a desordem, o afeto e o arbítrio, a flexibilidade de nossas relações sociais que nunca se aburguesaram totalmente. Em suma, teríamos algo a ensinar ao mundo, a despeito da nossa crudelíssima modernização conservadora.

No entanto, o futuro se mostrou muito mais problemático. O que aconteceu foi uma espécie de astúcia nefasta da história. No momento em que a mitologia compensatória do Brasil, país do futuro, se esvai, em que não temos sequer a esperança de superar o subdesenvolvimento (não somos mais subdesenvolvidos, não por termos atingido o grau de desenvolvimento, mas porque esta possibilidade se encerrou), a forma como se constituiu o capitalismo no Brasil, com seus disparates entre o arcaico e o moderno, a ordem e a desordem, o liberalismo e a escravidão, a polarização e o dualismo entre marginais para sempre e integrados "desterritorializados", em suma, todos os aspectos que foram explicitados pelos nossos principais críticos como a forma singular com que o capitalismo mundial se expressa em sociedades como a brasileira, passam a ser visto como característica dos países desenvolvidos do primeiro mundo, em tempos de globalização, ou mal-estar na globalização, através do termo "brazilianização". Aquilo que poderia ser a nossa contribuição ao mundo, a "singularidade" da nossa cultura e das nossas formas de sociabilidade, que nunca se aburguesaram totalmente, se transforma no "novo espírito do capitalismo"!

Curioso reviravolta. O país do futuro, na lógica de parte da nossa inteligência, se transforma no futuro do mundo, mas pelo avesso, como tragédia social irreparável, luta de classes horizontal (pois o topo segue inatingível), estruturação das cidades em feudos, encarceramento em massa, delinquência estimulada das elites econômicas, com sua relação sem culpa na prática de delitos em conluio com o mercado financeiro. O limiar entre a ordem e a desordem, a nossa incapacidade de lidar com regras básicas de civilidade, a radical divisão de classe, tudo isso se transformou em regra mundial. Em outras palavras, a dialética da malandragem atua agora em escala global.

A FRATURA BRASILEIRA DO MUNDO

Visões do laboratório brasileiro da mundialização

I

ENCONTRO MARCADO

Um dos mitos fundadores de uma nacionalidade periférica como o Brasil é o do encontro marcado com o futuro. Tudo se passa como se desde sempre a história corresse a nosso favor. Um país por assim dizer condenado a dar certo. Estudando certa vez as manifestações literárias deste velho sentimento brasileiro do mundo, Antonio Candido falou em consciência amena do atraso, correspondente à ideologia de país novo, na qual se destaca a pujança virtual, a grandeza ainda por realizar.[1] Estado de espírito euforizante de tal modo arraigado a ponto de sobreviver até mesmo à revelação dramática do subdesenvolvimento, tal a confiança numa explosão de progresso que adviria, por exemplo,

1 "Literatura e Subdesenvolvimento", in *A educação pela noite*, São Paulo, Ática, 1987.

da simples remoção do imperialismo. E mais, o futuro não só viria fatalmente ao nosso encontro, mas com passos de gigante, queimando etapas, pois entre nós até o atraso seria uma vantagem. Fantasia encobridora reforçada inclusive pelo viajante estrangeiro ofuscado pela exuberância nacional, como foi o caso de um Stefan Zweig, autor do mais celebrado clichê dessa mitologia compensatória: Brasil, País do Futuro.[2]

Procissão de milagres

Ocorre que não faltou apoio na experiência nacional para a cristalização dessa miragem consoladora. A tal ponto, que Sérgio Buarque de Holanda se referiu certa vez à nossa história econômica como uma verdadeira "procissão de milagres".[3] Primeiro, o milagre do ouro no século XVIII, a tempo de nos salvar na

2 Segundo um comentário recente, podemos imaginar o funcionamento dessa narrativa do surgimento de uma nação como "uma espécie de rodovia, um trajeto que leva das origens indígenas e coloniais, diretamente a um futuro glorioso: assentada sobre pilares de concreto, não se deixando desviar pela paisagem circundante e nem pelas eventuais saídas – e, sobretudo, sem possibilidade de retorno." Alexander Honold, "País do futuro ou Paraíso perdido?", in *Praga* n.9, São Paulo, 2000, p. 159. Por certo, imagem de um brasilianista que sabe do rodoviarismo desenvolvimentista e sua culminação em Brasília.

3 Passagem de Visão do Paraíso recentemente relembrada por João Manoel Cardoso de Mello e Fernando Novais em "Capitalismo tardio e sociabilidade moderna", in Lilia Moritz Schwarcz, *História da Vida Privada no Brasil*, São Paulo, Cia. das Letras, 1998, vol.4, p.644-645.

hora crítica em que a economia açucareira arrefecia seu ímpeto; depois, o milagre do café, caindo do céu quando o esgotamento das minas anunciava uma desagregação econômica ameaçadora. Pois bem: depois de ressuscitar esta visão irônica de uma atividade econômica por assim dizer veleitária, movida a arranques mais ou menos fabulosos, João Manoel e Fernando Novais acabam concluindo que, tudo bem pesado, "nossa industrialização não deixou de ser também um desses milagres: resultou antes de circunstâncias favoráveis, para as quais pouco concorremos, do que da ação deliberada de uma vontade coletiva".[4]

Sintaxe da frustração[5]

Está claro que tamanha confiança nesse providencial encontro marcado com o futuro cedo ou tarde se

4 Para a periodização dessa milagrosa industrialização tardia, que se beneficiou da relativa estabilização dos padrões tecnológicos e de produção nos países centrais ao longo do século XX, contando além do mais com as facilidades da cópia, cf. op.cit., p. 645-646. Sem falar é claro na excepcionalidade igualmente miraculosa da expansão capitalista durante os "trinta anos gloriosos" do pós-guerra.
5 A expressão é de Anatol Rosenfeld e se refere à estrutura "sem desenvolvimento" das narrativas de Kafka, em que os episódios se sucedem como nos romances picarescos ou nas histórias em quadrinhos, estrutura básica que se apresenta até mesmo na sintaxe das orações que "se iniciam com afirmações esperançosas que, em seguida são postas em dúvida, desdobradas nas suas possibilidades, cada qual ramificando-se em novas possibilidades. Pouco a pouco a afirmação inicial é limitada por uma inundação de subjuntivos e condicionais." *Texto/Contexto*, São Paulo, Perspectiva 1969, p.232.

tornaria uma fonte de frustrações recorrentes. De fato, toda essa fantasia progressista mal encobria o estado de ansiedade permanente em que vivia pelo menos a inteligência nacional – para não falar no bovarismo das camadas dirigentes propriamente políticas e econômicas. É só lembrar no século passado a aflição do abolicionista Joaquim Nabuco com a procrastinação das elites, cuja letargia escravista arriscava nos deixar de fora dos benefícios da Segunda Revolução Industrial. Não por acaso, poucos meses depois do fracasso de mais um plano de estabilização (o Plano Cruzado, lançado em fevereiro de 1986), numa entrevista igualmente marcada pelo temor de faltar ao nosso encontro marcado com a história, o mesmo João Manoel que linhas acima se dera conta do caráter milagroso da industrialização brasileira, recordava muito a propósito a advertência de Nabuco: "se mantivermos a escravidão, a gente vai ficar fora do que vai acontecer no mundo; a escravidão demorou muito para ser abolida e o Brasil ficou fora, não pegou este bonde."[6] Mal começados os anos 90, ainda o mesmo autor e o mesmo compasso da frustração, na falta de uma nova procissão de milagres, cujas idas e vindas em todo o caso se parecem mais com a intermitência das miragens:

6 *Folha de S. Paulo*, 06.09.1987, p. A-38.

"levamos cem anos, de 1830 a 1930, para imitar a inovação fundamental da Primeira Revolução Industrial, o setor têxtil. E noventa anos, de 1890 a 1980, para copiar os avanços da Segunda Revolução Industrial. Quando tudo dava a impressão de estarmos prestes a entrar no Primeiro Mundo, eclodiu a Terceira Revolução Industrial (...) Há dez anos, caímos na estagnação. Vivemos, hoje, à beira da depressão e da hiperinflação. E constatamos, a toda hora, com espanto e vergonha, a enorme distância que nos separa da civilização."[7] Em tempo: o andamento melancólico do trecho não deve obviamente ser tomado ao pé da letra, pois faz parte do jogo parodiar a dicção acabrunhada das nossas classes dirigentes deprimidas pelo cotejo com os padrões metropolitanos de ordem e progresso. Meia dúzia de anos depois, nova variação sobre o mesmo tema: "Os mais velhos lembram-se muito bem, mas os mais moços podem acreditar: entre 1950 e 1979, a sensação dos brasileiros, ou de grande parte dos brasileiros, é de que faltava dar uns poucos passos para finalmente nos tornarmos uma nação moderna (...) Havia certamente bons motivos para afiançar o otimismo. A partir dos anos 80, entretanto, assiste-se ao

7 João Manoel Cardoso de Mello, "Conseqüências do neoliberalismo" in *Economia e Sociedade*, Revista do Instituto de Economia da UNICAMP, no. 1, 1992, p. 59.

reverso da medalha."[8] Enfim, derradeira figura da procissão de milagres: "o excesso de liquidez no mercado financeiro internacional, agora globalizado, permitiu em 1994 a implementação do Plano Real. Com a entrada maciça de recursos externos de curto prazo, engessamos o câmbio, abrimos a economia e multiplicamos as importações, freando a subida dos preços: nosso mais recente milagre."[9] É claro que na mais recente acepção do termo milagre: quatro anos depois, o acordo falimentar com o FMI encerrava mais este episódio no capítulo das miragens milagrosas.

Se um leitor francês – que devo presumir interessado na crônica dos nossos desencontros com esse alto destino nacional, como logo mais se verá – folhear o número especial (257) que *Le Temps Modernes* dedicou ao Brasil em 1967, encontrará um outro registro revelador desta síndrome do encontro marcado. No artigo de abertura, ninguém menos do que Celso Furtado rendia-se ao que lhe parecia ser a evidência de um desastroso processo de "pastorização" do Brasil, que assim retornava ao marco zero na condição de "fronteira" de um novo arranjo supranacional ditado pela potência tutelar do golpe de 1964. E no entanto, logo no ano seguinte à publicação deste artigo de-

8 João Manoel Cardoso de Mello e Fernando Novais, op.cit., p. 560.
9 Idem, ibidem, p. 648.

senganado quanto ao nosso futuro congênito, declarava-se oficialmente aberta a temporada de mais um "milagre brasileiro", e novamente por força da exceção internacional e não da regra, como é da natureza dos milagres, que aliás se multiplicaram mundo afora naquela década de 70. O novo eclipse desse mítico futuro sobreveio logo adiante com a chamada (para abreviar) crise da dívida, e nele estamos mergulhados há duas décadas. Nestas circunstâncias, como era de se prever, retorna pontualmente à sua posição inicial o avesso do mito fundador de que partimos. Assim, desde o início dos anos 90, Celso Furtado vem glosando por sua vez o tema da construção nacional interrompida e ameaçada, quando não cancelada de uma vez por todas: "Tudo aponta para a inviabilização do país como projeto nacional (...) Trata-se de saber se temos um futuro como nação que conta na construção do devenir humano."[10] Se ainda houvesse alguma dúvida quanto à natureza recorrente do futuro que teima em não comparecer ao encontro marcado, basta relembrar os termos do que dizia o mesmo Celso Furtado há trinta anos no *Temps Modernes*: "A evolução mundial na segunda metade do século atual (...) pôs em evidência as incertezas que pairam com respeito ao

10 Celso Furtado, *Brasil, construção interrompida*, SP, Paz e Terra, 1992, p.35.

futuro do Brasil. Existe um futuro para este país de dimensões continentais, cuja população em cinco anos terá superado os cem milhões, como projeto nacional auto-orientado?"[11]

Titanic

Se depender do diagnóstico fechado ainda outro dia pelo poeta e ensaísta alemão Hans Magnus Enzensberger, o grande futuro que nos estava prometido, com base obviamente na gigantesca vitalidade do país, simplesmente não chegou, nem chegará. "O Brasil é um país que acreditou que o futuro estivesse do seu lado e que trabalhava para ele (...) A bandeira brasileira é a única no mundo que ostenta o slogan Ordem e Progresso. É um slogan fantástico para um país (...) O progresso para o Brasil dentro da modernização foi uma perspectiva virtual e sempre adiada."[12] Demasia poética? É bom não esquecer que Enzensberger, justamente na condição de poeta e simpatizante histórico das revoluções nos trópicos, a começar pela cubana, pressentiu e profetizou em plena década de 70 o naufrágio próximo e conjunto do sistema soviético, da periferia emergente e do *Welfare* eu-

11 "Brasil: da República Oligárquica ao Estado Militar", in Celso Furtado (org.), *Brasil, Tempos Modernos*, São Paulo, Paz e Terra, 1977, p.2.

12 Entrevista a José Galisi Filho, *Folha de São Paulo*, 12.12.1999.

ropeu, mergulhando a massa sobrante numa espécie de banalização do mal-estar na civilização capitalista vencedora.[13] Como se vê, dos dois lados do Equador, a grande narrativa da convergência providencial do Progresso com a sociedade brasileira em construção já não convence mais, no juízo de um outro crítico literário, quer dizer, na opinião de um ensaísta que ainda considera a experiência artística o sismógrafo mais idôneo da história.[14] Aliás, tampouco por acaso Enzensberger também acha que valeria para o Brasil o mesmo raciocínio hegeliano acerca do fim do Período da Arte. De fato, quando Hegel afirmou que a arte havia se tornado uma coisa do passado, não quis dizer evidentemente que não haveria mais obras de arte, pelo contrário, acrescentou no mesmo passo, que a partir de então, num movimento sempre recomeçado de auto-reflexão, ela adiaria o seu ponto final graças a uma crescente e exaustiva meditação sobre seus meios e fins. Do mesmo modo, segundo Enzensberger, o duplo "fim" do Brasil nunca chegou, como o da arte, está sempre sendo adiado. Mesmo porque, quando falamos do "fim", ele não pode já estar aí, de corpo presente, pois senão não poderíamos falar dele:

13 Como lembrado por Vinícius Dantas em artigo sobre o poema "O Naufrágio do Titanic", *Jornal de Resenhas*, 08.07.2000.
14 Roberto Schwarz, "Fim de século", in *Seqüências brasileiras*, São Paulo, Cia. das Letras, 1999, p. 161. O artigo em questão é de 1994.

"no meu poema do naufrágio não formulo o 'fim', mas a iminência do fim (...) Enquanto ainda falarmos, este fim nunca deixará de recuar. Mas quem dará o testemunho do naufrágio, já que, como digo no poema, 'o fim é sempre discreto', já aconteceu, o *iceberg* já atingiu a estrutura do sistema?" Resta saber portanto o que virá depois da Ordem e do Progresso. Uma "outra desordem", responde o poeta, de mesma natureza, imagino, que o girar em si mesmo do fim da arte que nunca chegou.[15]

Um futuro para o passado

Deu-se então uma surpreendente reviravolta – resta ver até que ponto imaginária ou real. E ao que parece nos termos mesmos do presságio do poeta, já que ao seu ver o Brasil afinal teria relativizado "a dialética de ambos os pólos da Ordem e do Progresso, com a mistura de um pouquinho de progresso com regressão". Pois justamente durante esta segunda década perdida de ajustes subalternos, ao longo da qual nos debatemos com nosso fim de linha nacional, nos vimos transformados numa espécie de paradigma,

15 Alguns anos antes dessas reflexões sobre o Brasil, Enzensberger já havia antecipado algo a respeito dessa "outra desordem" em suas visões da guerra civil, nas quais predomina a autodestruição dos perdedores enfurecidos com o desinteresse do capital em arrancar-lhes a pele. Cf. *Guerra civil*, São Paulo, Cia. das Letras, 1995.

algo como uma categoria sociológica para o buraco negro da globalização – não uma remota África do humanitarismo à distância, na verdade um espectro ainda mais inquietante porque somos estritamente modernos, além de economicamente desfrutáveis *as usual.* De sorte que, na hora histórica em que o país do futuro parece não ter mais futuro algum, somos apontados, para mal ou para bem, como o futuro do mundo. Noves fora equívocos de parte a parte, uma chance histórica, do tamanho da ruptura de época que estamos vivendo, para trazer de volta a reflexão à periferia, no espelho da qual desta vez a metrópole se contempla, por certo que com a auto-complacência de praxe. Seja como for, não é trivial que o mundo ocidental confessadamente se brasilianize, depois de ter ocidentalizado a sua margem.

II

Brazilianization

Não saberia dizer ao certo quem lançou a tese da brasilianização do mundo. Como a expressão original indica, é mais do que provável que tenha sido nos Estados Unidos, à vista da inédita polarização social desencadeada pela contra-revolução liberal-conservadora da Era Reagan. Pelo menos é a essa nova máquina de gerar desigualdade e insegurança econômica crônica que se refere, por exemplo, a teoria de Edward Luttwak acerca da *tiers-mondisation* da América.[16] Aqui e ali pipocam exemplos de subdesenvolvimento à brasileira, mas nada de sistematicamente novo.

É possível mesmo que o primeiro enunciado explícito da tese se deva a Michael Lind, para o qual a verdadeira ameaça pairando sobre o século XXI americano não é a escalada da violência étnica nos moldes da fragmentação balcânica, mas a *brasilianização da sociedade*: "por brasilianização eu não entendo a separação das culturas pela raça, mas a separação das raças por classe. Como no Brasil, uma cultura americana compartilhada poderia ser compatível com um rígido sistema informal de castas, no qual a maioria dos que estão no topo é branca, enquanto a maioria dos americanos pretos e mulatos ficaria na base da pirâmide – para sempre."[17] Uma outra característica "brasileira" deste quadro consistiria na dimensão horizontal da guerra de classes. No entender de Michael Lind, o domínio da oligarquia branca na política americana está na verdade sendo fortalecido e não amea-

16 Cf. Edward Luttwak, *Le rêve américain en danger*, Paris, Odile Jacob, 1995 (ed. Americana de 1993).

17 Michael Lind, *The next american nation*, NY, The Free Press, 1995, p. 216. Cf. o breve comentário de Serge Halimi no *Le Monde Diplomatique* de março de 1996, p. 12.

çado pela crescente polarização da sociedade; numa sociedade mais homogênea, a atual concentração exponencial de poder e riqueza certamente provocaria alguma reação da maioria; na atual situação porém, em que uma oligarquia confronta uma população diversificada e separada por raças, malgrado a cultura nacional comum, o ressentimento provocado pelo declínio econômico se expressa muito mais na hostilidade entre os grupos na base do que numa rebelião contra os do topo – tal como se viu no último motim em Los Angeles, quando pretos, hispânicos e brancos amotinados se voltaram contra os pequenos comerciantes coreanos em vez de marcharem sobre Beverly Hills. A brasilianização estaria patente ainda nos novos usos e costumes dessa *overclass* entrincheirada num país retalhado por enclaves privatizados, uma nação dentro da nação, desfrutando de uma sorte de extra-territorialidade que a imaginação política local costumava atribuir às oligarquias latino-americanas. A rigor, a novidade aqui reside no batismo brasileiro dessa revolução dos ricos e do futuro sombrio que ela estaria encubando. Salvo pelo qualificativo de brasileiro, o estado de verdadeira secessão em que viveriam as novas elites americanas, empenhadas em se desvencilhar dos laços políticos legais que ainda as atrelaria ao estorvo crescente representado por seus compatriotas de pés de chumbo, já havia sido identificado, por exemplo, por Robert Reich, só que à cata de circunstâncias atenuantes para o fenômeno – entre outros paradoxos, a relativa tranqüilidade política em que vem se operando tal desengajamento social –, como a obsolescência das fronteiras nacionais, acompanhada pela crescente capacidade demonstrada pela nova classe de "manipuladores de símbolos" de agregar valor nas cadeias relevantes nas redes globais de negócios.[18] (Quanto à provável marca brasileira deste novo separatismo da *overclass* americana, seria bom prevenir desde já o anacronismo: a desterritorialização das camadas superiores brasileiras é coisa muito recente, data a bem dizer da possibilidade atual de "dolarizar" seu patrimônio, pois só agora o dinheiro mundial ofereceu-lhe finalmente a oportunidade de evadir-se da prisão nacional.)[19]

Pouco depois, Christopher Lasch aproveitaria a deixa e inverteria o raciocínio passavelmente apolo-

18 Cf. Robert Reich, *L'Économie Mondialisée*, Paris, Dunod, 1993, cap.22. (ed. Americana de 1991).

19 Ver a esse respeito os esquemas explicativos de José Luís Fiori e Carlos Lessa, entre outros críticos da economia política da globalização. Por exemplo, do primeiro, o artigo "Secessão", in *Brasil no espaço*, Petrópolis, Vozes, 2001; do segundo, "O desenvolvimento brasileiro depois do neoliberalismo", comunicação apresentada no Seminário *O desenvolvimento: o fato e o mito*, UFRJ, setembro de 1999.

gético do futuro Secretário do Trabalho do primeiro período Clinton: a equívoca meritocracia dos secessionistas na verdade representava uma ameaça para a vida civilizada num espaço cívico-nacional; ao contrário das massas temidas por Ortega y Gasset nos anos que antecederam a retomada da Grande Guerra, o perigo vinha agora da "rebelião das elites", enquanto a antiga subversão popular dissolvia-se no tímido conformismo de um processo de aburguesamento frustrado.[20] Àquela altura, ainda nenhuma palavra mais explícita sobre o termo de comparação brasileiro que volta à cena – ou melhor, permanece em cena – mais recentemente no capítulo americano do ensaio de John Gray sobre os equívocos do "globalismo"[21]. A seu ver também não são nada desprezíveis os sinais de brasilianização da sociedade americana. Embora o estigma infamante não seja claramente assinalado, digamos que o mais abrangente deles aponta para o divórcio entre a economia política do livre-mercado e a economia moral da civilização burguesa, cujas instituições características, da carreira à "vocação" de tipo weberiano, a bem dizer deixaram de existir. Como resultado da remodelação da sociedade americana para

20 Cf. Christopher Lasch, *The revolte of the elites*. Tradução Brasileira: A revolta das elites, Rio, Ed.Ouro, 1995.
21 Cf. John Gray, *False dawn*, Londres, Granta, 1998, cap.5.

se ajustar ao novo poder empresarial, a classe média desaburguesou-se ao mesmo tempo em que a maior parte da antiga classe operária industrial se reproletarizava, enterrando de vez o mito do progressivo *embourgeoisement* das camadas trabalhadoras no capitalismo organizado ao longo do pós-guerra. Numa palavra, a América não seria mais uma sociedade burguesa – tal como o Brasil, que nem mesmo chegou a sê-lo. Como um país periférico, nem mais nem menos, tornou-se uma sociedade partida em dois, "em que uma aflita maioria está esprimida entre uma *underclass* sem esperanças e uma classe superior que recusa quaisquer obrigações cívicas". Aliás, ainda mais intensamente dividida do que uma sociedade mal-acabada do sul do continente, à vista da explosão, sem precedentes na história do país, do encarceramento em massa, paralelamente à evasão das elites emparedadas em comunas fechadas. A seu ver, o avanço da financeirização da riqueza num país, fraturado assim de alto a baixo, estaria arrastando os Estados Unidos a um "regime *rentier*, do tipo da América Latina".

Finalmente, um derradeiro registro insuspeito da propagação dessa percepção americana da brasilianização dos Estados Unidos pode ser encontrado na óbvia apreensão com que o filósofo Richard Rorty passou a admitir, na esteira do diagnóstico supracitado de Edward Luttwak, que o fascismo pode muito bem ser o futuro americano, ou algo do gênero de uma reação populista autoritária à atual divisão brasileira da América num sistema de castas sociais hereditárias, desfecho terminal que consolidaria de vez a despótica supremacia da oligarquia de feitio brasileiro identificada por Michael Lind.[22] É bom lembrar que em meados dos anos 80, o pragmatismo filosófico de Rorty, subordinando a vontade de verdade e suas seqüelas doutrinárias ao desejo prático-institucional de solidariedade de grupo, autorizava-o a recobrir com algum verniz filosófico o "sucesso" das ricas democracias industrializadas do Atlântico Norte que estavam "dando certo" ou "funcionando", na acepção pragmática do termo. Como para um pragmatista à maneira de William James e Dewey, a verdade não é algo que corresponda à realidade, mas alguma coisa em que, para "nós" é bom acreditar – como a liberal-democracia americana, por exemplo, cujo "sucesso" nada tem a ver com o fato de ser mais ou menos verdadeira, mais ou menos conforme aos princípios da natureza humana –, o consenso de uma comunidade passa a ser a peça central de uma construção baseada na vontade de alcançar o maior acordo intersubjetivo possí-

22 Cf. Richard Rorty *Achieving our country*, Cambridge, Harvard U.P., 1998.

vel. Vistas as coisas por este prisma, compreende-se que a hora da verdade tenha chegado coma revelação da inédita dessolidarização nacional à brasileira, no caso a descoberta, entre outras fragmentações, da "*secession of the successful*", na frase de Robert Reich também citada pelo filósofo. Por definição, não pode haver "pragmatismo" (nada a ver com sua tradução brasileira barateada) que resista à quebra de algo como uma comunidade republicana entre explorados e exploradores: deslegitima-se assim uma economia internacionalizada "possuída por uma classe superior cosmopolita que não tem mais senso de comunidade com qualquer trabalhador em qualquer lugar do que os grandes capitalistas americanos do século XIX tinham com os imigrantes que manejavam as suas empresas". Há mais ainda no capítulo das analogias brasileiras, desta vez porém, sem menção do modelo degradante. Qualquer brasileiro que tenha observado ultimamente a ascensão política entre nós do Partido Intelectual, e sobretudo seu *modus operandi* no Brasil privatizado de hoje, se sentirá em casa diante do quadro esboçado pelo filósofo americano frustrado no seu pragmatismo, cuja afinidade eletiva com a idéia republicana de nação não deixa aliás de fazer sentido. Pois Rorty reparte a *overclass* identificada por Michael Lind em dois pelotões de comando: no topo a plutocracia internacionalizada onde as decisões são tomadas; logo abaixo, os "manipuladores simbólicos" de Robert Reich, os profissionais de instrução superior, cujo trabalho consiste em assegurar a realização suave e eficiente das decisões tomadas pelos primeiros, que por sua vez terão todo o interesse em conservar próspera e satisfeita tal camada social pois "eles precisam de pessoas que possam fingir ser a classe política de cada Estado-Nação individual. Para assegurar o silêncio dos proletários, os super-ricos terão de continuar fingindo que a política nacional pode algum dia fazer diferença".

A PERIFERIA NA METRÓPOLE DO CAPITALISMO

Que eu saiba, até agora ninguém se atreveu a sugerir que o coração do Império Americano com o tempo também se converterá em uma Índia, encimada por uma Bélgica. Todavia é isso mesmo que a tese da brasilianização dos Estados Unidos pretende insinuar. Mais exatamente, uma *dualização* tal da sociedade que só encontra paralelo no país clássico das clivagens inapeláveis, algo como o desfecho metafórico natural para sensação generalizada de "polarização dickensiana" nos centros emblemáticos da riqueza global, como no limiar da primeira industrialização, na visão romântica inglesa da sociedade dividida entre "duas nações" antagônicas. Seja como for, o fato é que o espantalho brasileiro acabou despontando no horizonte de um novo dualismo social *on the rise*. E o espectro de um equívoco, vistas as coisas do nosso ângulo. É que faz um bom tempo o antigo repertório da dualidade e seus derivados passou desta para melhor, além do mais irremediavelmente desmoralizado, conforme madrugava nos hoje remotos anos 60 o derradeiro capítulo da tradição crítica brasileira. Com toda razão aliás, pelo menos enquanto variante das teorias funcionalistas da modernização, e suas respectivas políticas de acatamento subalterno dos padrões societários centrais, e conseqüente inclusão das barbaridades capitalistas locais no rol das anomalias do "atraso" e outros desvios. Mesmo assim – tal a regressão ideológica contemporânea —, esse velho subproduto do evolucionismo modernista e seu cortejo de categorias polares, repartidas entre o campo dos avançados e o contra-campo dos retardatários, foi reposto em circulação, é verdade que menos como "teoria" do que como sinal de alarme ante à marcha do mundo no rumo de uma explosiva configuração "dual" entre integrados e descartados, além do mais hierarquicamente congelada. Apartação que a visão prevalecente no topo do mundo prefere encarar como uma disfunção — "regulações" residuais, inércias fundamentalistas — que o tempo se encarregaria de absorver. Tempo por sua vez funcionalmente espacializado — como nas antigas justaposições de setores sociais defasados —, numa derradeira corrida de adaptação à última encarnação do moderno. Isso no âmbito das agências e *think tanks* do poder imperial, desde que acendeu a luz vermelha do crescente mal-estar na globalização. De qualquer modo, dualismo à revelia, já que a simples admissão de uma sociedade global cindida entre vencedores e perdedores irreversíveis compromete a fraseologia da mundialização convergente e socialmente integradora. No plano local porém a ironia da reviravolta é bem mais grosseira: sob pretexto de modernização de um capitalismo em marcha desacelerada, veteranos da supracitada tradição crítica brasileira reinventaram, para fins de propaganda e marketing do novo mando, o mito do Brasil "errado", na verdade *meio Brasil* — ibérico, corporativo, imprevidente e tecnofobo —, emperrando o deslanche da outra metade, a vanguarda dos que estão se dando bem no país privatizado. Esse o velho acervo de equívocos e acertos que a *brasilianization thesis* veio revirar à sua maneira igualmente enviesada, tanto no Centro como na Periferia.

Nos tempos do grande embate com o raciocínio dualista na explicação das singularidades nacionais, um argumento recorrente costumava ressaltar seu cunho espacializante (como se recordou há pouco), tendente portanto a compartimentar as grandes dicotomias que travavam nossa formação, no limite uma renúncia ao dinamismo da crítica interessada em destacar a dimensão "moderna" do Antigo Regime e a parte de retrocesso no "progresso" da nova ordem. Até mesmo certas metáforas espaciais eram mal vistas, por bloquearem o impulso temporal da imaginação histórica: a ponto dos mais extremados considerarem duvidosa a distinção entre Centro e Periferia, já que o capitalismo era um só... *Na verdade não era a visão espacial da sociedade dividida que ofuscava as promessas da dialética, mas algo como um fatal desconhecimento da territorialidade do poder capitalista pelo argumento materialista clássico*. Em linha com o liberalismo econômico do século XIX, Marx "havia suposto que o mercado mundial operava por cima das cabeças e não através das mãos dos atores do Estado".[23] Pois foi justamente a atual hipermobilidade do

23 Giovanni Arrighi, "Século Marxista, Século Americano", in *A Ilusão do Desenvolvimentos*, Petrópolis, Vozes, 1997, p 309; publicado originalmente em 1990 na *New Left Review*, nº 179. Para essa retificação de percurso entre nós, e tudo o mais que isso implica para a esquerda na avaliação da miragem globalista quanto a uma tendência homogeneizadora de fundo na difusão mundial do mercado capitalista, ver por exemplo a Introdução de José Luís Fiori à obra coletiva Estados e Moedas no Desenvolvimento das Nações, Petrópolis, Vozes, 1999.

capital que veio lançar uma nova luz sobre esse ponto cego de nossa tradição crítica, não por acaso engolida pelo mito economicista da globalização enquanto transbordamento natural dos mercados nacionais interdependentes. Uma tal liberdade de movimento, ontem como hoje, simplesmente não seria possível na ausência de uma multiplicidade hierarquizada de juridições políticas: foi preciso um fiasco sem precedentes na história de nossa *intelligentsia* para que se redescobrisse essa verdade elementar do moderno sistema mundial enquanto modo de governo e acumulação. Assim sendo, não surpreende que a abordagem dualista — por certo sempre suspeita de sobrecarga ideológica, ora a favor, ora contra — tenha ganho uma segunda juventude, graças justamente à centralidade da espaciliazação capitalista na atual dinâmica mundializada da acumulação.

Ao contrário do que apregoa o senso comum globalitário — tanto à esquerda como obviamente à direita — acerca da imaterialidade da nova riequeza capitalista e a respectiva desimportância do "lugar", a atual pulverização da atividade econômica pela transnacionalização das cadeias produtivas globais, seria materialmente inviável sem uma correspondente centralização territorial, mais especificamente uma hiperconcentração da propriedade dos meios de produção e consumo em nós estratégicos exigidos por uma nova lógica de aglomeração. Essa, a matriz material-espacial da Dualização cuja ressurreição surpreendente no coração mesmo do sistema está nos interessando identificar, está claro que à luz da nossa ambígua dualidade por assim dizer de raiz, como é o caso de uma periferia originária, gerada na primeira expansão colonial que veio a ser o *big bang* de nascença da economia-mundo capitalista. Não será preciso acrescentar que o *locus* dessa concentração contínua de comando econômico estratégico, que esse palco mais ostensivo da nova dualidade, é a *cidade*, mas uma cidade antes de tudo mundializada pelo capital e atravessada por uma divisão social inédita entre populações imobilizadas nesses verdadeiros *containers* urbanos e a nova classe dominante em estado de secessão, mas nem por isso podendo dispensar a espécie de mais valia bruta extorquida dos sedentários. Pois bem: esse fosso crescente entre força de trabalho degradada e descartada e operadores hipervalorizados nas cidades estratégicas de um sistema mundial já em si mesmo altamente desigual e hierarquizado, além do mais percebido na sua mais impressionante manifestação socio-espacial, também se apresentam como uma outra evidente confirmação de algo como uma *segunda periferização do mundo.*[24] É nessas cidades divididas que se manifesta o novo dualismo americano que de uns tempos para cá vem sendo equiparado à obscena polarização brasileira.[25]

Foi assim que desde o início da Era Reagan, Los Angeles começou a ser vista como grande experimento da apartação social característica do novo regime urbano, induzido, no caso, pela transnacionalização

24 Tomando alguma liberdade com o argumento bem conhecido de Saskia Sassen, que obviamente estava reprisando. Cf da autora, o capítulo IX de *The Global City,* Princeton UP, 1991, e *As Cidades na Economia Mundial,* São Paulo, Studio Nobel, 1998, capítulos I e VI

25 Só para confirmar, no mesmo Robert Reich da secessão dos "manipuladores de símbolos" e seu desengajamento em relação às demais camadas da população nacional: "numa escala muito maior, o esquema da secessão se apresenta nas grandes cidades americanas. Com efeito, já no início dos anos 80, a maioria das aglomerações se encontravam separadas em duas zonas; uma reagrupa os 'manipuladores de símbolos' cujos serviços conceituais estão vinculados à economia mundial; a outra, os prestadores de serviços pessoais, cujos empregos dependem dos primeiros", op.cit. , p 253. Enquanto isso, vão rareando os blue collars: Pittsburgh é um bom exemplo: aqueles assalariados ditos rotineiros, na classificação tripartite de Reich, ocupavam nos anos 50 a metade dos empregos na cidade, porém mal alcançavam 20% em meados dos anos 80, ao passo que as duas outras categorias teriam avançado sobre esse terreno desocupado, numa cidade que nesse meio tempo se tornara a terceira concentração americana de headquarters corporativos. Enfim vale o registro sem novidade, embora não fosse tão óbvio assim há dez anos atrás da parte de um membro do establishment: o ideal urbano dessa nova raça meritocrática viria ser o de uma fortaleza high-tech introvertida mesclando funções residenciais, de negócios e consumo conspícuo, sem risco de contacto direto com o mundo exterior, em particular com a outra parte da cidade.

do espaço econômico norte-americano e suas brutais assimetrias concentradoras e centralizadoras. Por essa época, Edward Soja, por exemplo, principiou a falar de *cidade dual pós-fordista*, espacialização de uma reestruturação produtiva não por acaso deflagrada por uma completa redisciplinarização da força de trabalho (juntamente com a dos capitais menos eficientes e a reorientação privatista dos fundos públicos), mediante uma reciclagem ocupacional que polariza cada vez mais o mercado de trabalho, por sua vez inflacionado pela imigração maciça e pelos empregados em tempo parcial e do sexo feminino; o que foi resultando, a seu ver, numa verdadeira *periferização do Centro*: encolhimento das camadas intermediárias, no topo a oligarquia do capital corporativo, encimando "o maior bolsão de trabalhadores imigrantes mal pagos e mal organizados do país", de sorte que afinal o Centro também se tornou Periferia, na medida mesmo em que a "cidadela empresarial do capital multinacional apóia-se com rematada agilidade em uma base cada vez mais ampla de populações estrangeiras"[26]. O retrato mais famoso da dualização

26 Edward Soja, "Tudo se junta em Los Angeles", in *Geografias pós-modernas*, Rio de Janeiro, Jorge Zahar, 1993, p 262. Cf ainda do mesmo autor, "Poles apart: urban restructuring in New York and Los Angeles", in Mollenkopf e Castells (orgs.) *Dual City - restructuring New York*, New York, Russell Sage Foundation, 1991.

de Los Angeles se deve, como sabido, a Mike Davis. Nela já não seria mais possível separar a grande afluência dos ricos e poderosos do desamparo e desmoralização das populações proletarizadas, ao confinamento das quais — dos guetos negros de sempre, inchados pela mão de obra imigrada, à proliferação das instituições carcerais — corresponde as famigeradas *gated communities*, a fortificação das camadas privilegiadas, privatizando lugares públicos e militarizando o espaço construído[27]. Logo depois foi a vez de Nova York tornar-se outro caso exemplar de ordem social urbana com duas velocidades — a cidade a um tempo global e dual por excelência, na análise bem conhecida de Saskia Sassen e demais teóricos do sistema mundial de cidades[28].

Dito isso, é bom não esquecer que a Cidade Dual é um tópico clássico da sociologia urbana americana. (Para não remontar ao Livro IV da *República*, no qual o filósofo também relembra que toda cidade está

27 Cf. Mike Davis, *A Cidade de Quartzo*, São Paulo, Scritta, 1993. Ver a respeito o artigo de Loïc Wacquant, "Un laboratoire de la polarisation", Le Monde Diplomatique, abril 1998 p. 28.

28 Cf p.ex. Paul Knox e Peter Taylor (orgs.), *World Cities in a World-System*, Cambridge, UK, 1995, para uma revisão e atualização da "World Cities hypothesis" de John Friedmann (1982), segunda a qual o novo regime das desigualdades urbanas poderia desde então ser apanhado pela metáfora dual da "cidadela" e do "gueto", imagem que aliás foi derivando para a da "ampulheta" sugerida por Peter Marcuse, ao propor seu próprio modelo de "quartered city".

dividida em duas cidades, a dos ricos e a dos pobres, além do mais em guerra uma com a outra, sendo por isso um erro grave tratá-las como constituindo um só Estado). O contraste entre opulência e pobreza coexistindo em um mesmo espaço urbano sempre gerou desconforto em cientistas sociais e opinião pública em geral. Depois de recordar essa tradição e ressaltar a carga emocional e política da abordagem dualista por assim dizer intuitiva — que pelo menos tinha o mérito de introduzir alguma tensão na visão organicista da cidade como uma comunidade integrada —, Manuel Castells, por sua vez, também afirma que já não é mais esse o dualismo urbano em ascensão, mas uma nova dualidade (se ainda for adequada a expressão) decorrente, como era de se prever, do processo de reestruturação e expansão da chamada economia informacional, como denomina, e sublima, o modo de desenvolvimento capitalista baseado no "trabalho com informação"[29]. Mais especificamente, no que

29 Na boa fórmula de Marcos Dantas, na qual as coisas são chamadas por seu nome; por exemplo, a criação de barreiras ao acesso à informação —, ao contrário da apologética corrente, por definição recurso vital, por isso mesmo socialmente produzida — no processo de realização do valor, e sua correspondente apropriação rentista. Cf. Marcos Dantas, *Trabalho com Informação*, UFRJ, 1994, no prelo (Editora Boitempo). Se o Autor estiver na direção certa, como parece, é bem provável que à nova centralidade do trabalho com informação correspondam novas periferias na divisão internacional do comando político e econômico sobre a propriedade intelectual:

consiste afinal, para o mais recente e enciclopédico ideólogo da globalização a nova forma do dualismo urbano?[30] Como estamos lidando com um notório protagonista de uma daquelas "viagens para dentro" estilizadas por Edward Saïd, a saber, a imigração intelectual, em princípio "adversária" ou "irônica", da periferia (semiperiferia mediterrânea, no caso) para o coração do império, a curiosidade não parece descabida[31].

Antes de mais nada, quem diria, trata-se da expressão de uma *defasagem*, como nos bons tempos do progressismo funcionalista: no caso, estaria na berlinda o descompasso entre o envelhecimento do trabalho rotineiro e o crescimento do setor dito pós-industrial, transição além do mais marcada pelo desmonte da mediação estatal nas relações entre capital e trabalho, e situada de preferência nos pontos nodais da geografia econômica, as áreas metropolitanas de maior concentração das atividades ditas *knowledge-*

no centro geopolítico do processo de trabalho informacional, as cidades do capital-informação, tão dualizadas quanto a polarização induzida no interior mesmo das redes empresariais, a um tempo altamente concentradas e descentralizadas.

30 Cf p.ex. Manuel Castells, *The Informational City*, Oxford/Cambridge, Blackwell 1989, pp.172-228; Mollenkopf e Castells, op.cit., pp. 399-418.

31 Cf. Edward Saïd, *Cultura e Imperialismo*, São Paulo, Cia. das Letras, 1995, p. 306.

-intensives. Dualismo refere-se assim, em primeiro lugar, a uma estrutura social altamente estratificada e segmentada, decomposta não só em trabalho valorizado e trabalho degradado, mas também filtrando e expulsando muita gente dessa dinâmica binária. Nessas circunstâncias, a cidade dual também pode ser vista como a expressão urbana de um processo de crescente diferenciação no mundo do trabalho, dividido em dois "setores" básicos: um setor informal, que não se deve confundir com pobreza urbana, nem com atividades de mera sobrevivência, e um outro de economia formal, obviamente *information-based.* Duas metades entrelaçadas por um sem número de relações simbióticas, mas nem por isso reciprocamente excludentes, ainda que funcionalmente articuladas. Do que resulta enfim, como era de se esperar, um contínuo estrangulamento dos níveis intermediários, conformando um sistema cada vez menos aberto à mobilidade ocupacional: no topo *high-tech* dos serviços avançados, uma elite funcional e socialmente *self-contained,* cuja auto-suficiência não implica em reclusão mas circulação desimpedida em incontáveis rede transfronteiras de acumulação de todo tipo de poder social; na base, um outro pacote, o localismo do trabalho desestruturado e portanto segmentado numa miríade de arranjos defensivos. De sorte que —

sempre na opinião de nosso Autor —, essa dualidade estrutural não engendra dois mundos diferentes, longe disso, mas uma variedade de universos sociais, cuja figuração espacial se caracteriza pela segregação, diversidade e hierarquia. Algo como uma dualização meritocrática: pois é a segmentação do mercado de trabalho que produz o dualismo social, simplesmente sancionando a capacidade de grupos e indivíduos de ingressar nas avenidas que conduzem às novas fontes de riqueza. No limite, reconhece Castells, em caso de "bloqueio" das "trajetórias tecnológicas", a sociedade informacional pode de fato se transformar numa sociedade realmente dual, sem que haja no entanto nenhuma razão para que isso necessariamente venha a ocorrer; assim, apenas aparentemente a chamada sociedade em rede está se dualizando, pois bem lá no fundo o que o trabalho informacional desencadeou mesmo foi um processo mais fundamental de desagregação do trabalho, e é isso que define sua estrutura em rede[32]. Daí o seu dinamismo, arrematando a apologia: a exclusão social é um processo e não uma condição (no que estamos todos de acordo ...), sendo assim mutáveis suas fronteiras, "os incluídos e os excluídos podem se revezar no processo ao longo do

32 Cf. Manuel Castells, *The Rise of The Network Society*, Blackwell, 1986, pp.273,279.

tempo".[33] (Avançando o sinal, veremos mais adiante, se uma tal alternativa, caso exista de fato, não comportaria uma versão "periférica").

Tudo somado, onde então a brasilianização da cidade dual americana, versão Castells? Na acepção em que a tomou Michael Lind, exatamente onde a deixamos, é claro que nos seus próprios termos, a saber: segundo nosso doutrinário da Sociedade em Rede, uma das conseqüências fundamentais da cidade dualizada diz respeito à formação das classes sociais. Aqui a novidade: esta formação só se completaria no polo dominante, a nova classe profissional-gerencial que opera no âmbito mesmo daquela esfera oligárquica idenficada por Michael Lind, à qual se contrapõe não uma outra classe subalterna solidamente ancorada na privação, porém a desarticulação social permanente dos estilhaços sociais do mundo desestruturado do trabalho. Seja dito entre parênteses que uma tal projeção não deixa de repercutir uma sugestiva hipótese de alguns sociólogos franceses: primeiro, que a burguesia ainda existe sim, e mais, com a plena consciência de constituir um grupo transnacional (seu cosmopolitismo é de nascença), empenhada na perpetuação de dinastias patrimoniais, permanentemente mobi-

33 Id., *The End of Millenium*, Blackwell, 1998, p 73.

lizada por detrás da fachada operacional dos *managers* e investidores institucionais enquanto supostos novos donos do mundo (pelo menos na França, faz-se de tudo para ocultar os interesses vinculados a tal ou qual patronímico à sombra de organogramas abstratos, dando a entender uma espécie de difusão sem limites da propriedade do capital), tudo resumido enfim no culto ostensivo do "l'entre-soi", visível na marca registrada dos *beaux quartiers* semeados pelos sítios mundiais do consumo conspícuo; segundo, que só essa burguesia, multinacional como os antigos clãs aristocráticos, é uma verdadeira classe social, à qual se filiam em ordem dispersa e subordinada os indivíduos avulsos das camadas intermediárias que se tomam por "sujeitos", quer dizer, empresários de si mesmos, "atores" de sua própria autoconstrução etc; enfim, rente ao solo, nos meios populares de ontem, a ausência do coletivo, corroído pelo individualismo negativo das desafiliações de massa, na fórmula consagrada de Robert Castel, desgarrando-se do enquadramento das antigas instituições da sociedade salarial[34].

Pois bem: completando o panorama "brasileiro" involuntário (a propósito: veremos mais à frente que "individualismo negativo" pode muito bem ser co-

34 Cf. Michel Pinçon e Monique Pinçon-Charlot, *Sociologie de la Bourgeoisie*, Paris, La Découverte, 2000.

nosco mesmo), Castells evoca à certa altura[35] suas reminiscências dos tempos de estudioso da "cidade dependente" na América Latina[36], para descartar é claro qualquer contaminação da mal reconhecida polarização social de hoje nas metrópoles globalizadas pelo equívoco de ontem, o "mito da marginalidade", urbana ou não, nas economias de industrialização tardia do continente sul-americano, recordando o título da súmula com que Janice Perlman por assim dizer arrematou o debate. Não custa lembrar que, àquela altura, Castells alinhava com os adversários da teoria que identificava na massa marginal produzida pela modernização em curso na América Latina um exército industrial de reserva de tal modo excessivo que já se tornara a rigor inintegrável, constituindo-se num imenso reservatório de anomia e apatia política: por mais que pudessem ameaçar a ordem estabelecida, eram economicamente irrelevantes. Pelo contrário, como tantos outros, era dos que sustentavam a funcionalidade da "margem", para além é claro do mero rebaixamento do custo da força de trabalho; mais especificamente, também era de opinião — ainda no final dos anos 80 — que a dualização que importava

35 P.ex., *Dual City*, ed.cit, pp.409-410.
36 Cf. p.ex. *The City and the Grassroots*, Berkeley, University of California Press, 1983, pp.173-212.

era a distinção entre os setores formal e informal da economia, sendo o segundo tão "moderno" quanto o primeiro, além é claro de majoritário. Àquela altura se apoiava num Alain Touraine que também não existe mais[37], para o qual na América Latina daqueles tempos de autoritarismo e industrialização em marcha forçada – sendo o subemprego muito mais que a simples margem do emprego formal — seria o caso de se voltar a falar em dualização, mas não em marginalidade, sobretudo num momento (anos 80) em que a Europa desempregada parecia estar menos distante da América Latina. Por que não conjeturar livremente? Mais um passo e estaria confirmada a partir de então a idéia que que todo sistema social seria hoje comandado por uma lógica dual. Acresce que naqueles primeiros tempos do "ajuste" latino-americano ao padrão geomonetário deflagrado pelo *ditakt* politico do novo dinheiro mundial (o parâmetro imperial do dólar-flexível), em que a integração global subalterna já se fazia acompanhar de uma igual desintegração nacional, na conhecida fórmula de um veterano como Oswaldo Sunkel, voltou-se a falar, no continente, de um "novo dualismo", fosso aberto pelo crescente descompasso entre modernização e modernidade, dessa vez porém

37 Cf. Alain Touraine, *La Parole et le Sang*, Paris, Odille Jacob, 1988.

um déficit inteiramente contemporâneo que estaria nos assemelhando à sociedade de dois terços dos países industrializados — na época, uma hipótese ainda otimista.[38] Tudo isso não obstante, parece claro que aquelas velhas confusões acerca dos integrados e dos *outsiders* parecem repetir-se a propósito da redundância social dos chamados excluídos de hoje. Mesmo assim, deu-se de qualquer modo uma reviravolta, como era de se prever. Como aliás pudemos perceber, a globalização segundo Manuel Castells respira o mesmo ar de família das finadas teorias da modernização à cata de patologias superáveis nas sociedades periféricas, daí sua hesitação diante do diagnóstico da dualização. No fundo acredita numa convergência mundial a caminho e, com o tempo, o espantalho da brasilianização do antigo Primeiro Mundo (outrora uma sociedade relativamente homogênea, pelo menos na Europa, mesmo que pelos breves e excepcionais 30 anos do auge fordista) acabará sendo sugado pelo buraco negro do Quarto Mundo — se é que esse último já não se tornou por sua vez eufemismo para "brasilianização" enquanto sinônimo de integração perversa (como se diz) na chamada sociedade da informação. De um modo um tanto convencional,

38 Cf. Norbert Lechner, "A modernidade e a modernização são compatíveis?", *Lua Nova*, São Paulo, nº 21, 1990.

para Castells, além do mais, apenas certas áreas empobrecidas da América Latina estariam condenadas à marginalização reencarnada pelo Quarto Mundo, do confinamento territorial de populações sem valor econômico à predação do próprio povo como política de Estado. No Brasil brasilianizado todavia, o que está mesmo em curso é uma alternativa que se poderia chamar de africanização de elite.[39]

Dando um balanço numa década de estudos balizados pelo paradigma das cidades mundiais — um paradigma de inequívoca intenção crítica, diga-se de passagem, apto a tornar visível e politicamente abordável o *locus* da inédita polarização cavada pela reconfiguração em curso no alto comando do sistema capitalista mundial —, um de seus formuladores pioneiros, como lembrado páginas atrás, John Friedmann, também não deixou de registrar a curva apologética descrita pelo teórico/consultor-fluxo Manuel Castells[40], o real percurso afinal de sua "viagem para

39 "A 'africanização' do Brasil resulta da ocorrência simultânea de quatro processos: desestabilização macroeconômica, desmantelamento do aparelho produtivo nacional, esgarçamento do tecido social, deterioração política e institucional", Reinaldo Gonçalves, "Capital Estrangeiro, Desnacionalização e Política Externa", *praga*, nº 9, São Paulo, HUCITEC, 2000, p.75.

40 Num acesso de inesperada clarividência, nosso ideólogo do Estado-em-Rede, (entre outras amenidades características do admirável mundo novo da globalização), depois de especificar o que faz de um "lugar" um lugar — como o bairro operário de Belleville em

dentro", nos termos estilizados de Saïd: nos seus primeiros escritos da década, malgrado seu crescente êxtase *high-tech*, a identificação dos "espaços-de-fluxos" desterritorializados, e por isso mesmo de acesso ultra-seletivo aos poucos protagonistas do jogo da acumulação transfronteiras, pelo menos dava a entender, ao sublinhar o crescente *disempowerment* dos barrados na entrada, que um outro mais poderoso dualismo de incorporação/exclusão estava em vias de ser perenizado; porém, a partir da obra coletiva sobre a aparente dualização de Nova York, nosso Autor teria inaugurado uma sorte de "desconstrução" (sic) da hipótese da sociedade polarizada, atribuindo à clivagem ocupacional, de gênero, raça e etnicidade, a principal fonte da subordinação dos subalternos, celebrando-lhes enfim, a "diferença"[41]. Em suma, a "viagem para dentro" de nosso teórico-fluxo, ao contrário

Paris, onde residiu como jovem foragido do franquismo e futuro sociólogo althusseriano —, admite que hoje em dia, quando o revê, o faz na condição de homem-fluxo, membro titular do circuitos mundiais de riqueza e poder informacional. Cf. *The Rise of the Network Society*, ed.cit, p.423. Fluxo dispondo de um nó estratégico na Califórnia, aliás localização imperial de um curioso ninho tucano de experts em "ajustes" ao nosso "changing world", com Cadeira Joaquim Nabuco bancada pelas altas finanças e tudo o mais que daí se segue em matéria de livre pensamento.

41 Cf. John Friedman, "Where we stand: a decade of world city research", in Knox e Taylor (orgs.), *World Cities in a World-System*, ed.cit., p.33

do discurso edificante de Saïd quanto ao seu caráter adversário, provou ser antes de tudo afirmativa, na rota oposta da multidão de imigrantes pós-coloniais, cuja força de trabalho reterritorializada em casa alheia Saskia Sassen contrapôs às torres do capital corporativo nas cidades imperiais de hoje[42]. Dito isso, seria preciso acrescentar, não sem tempo, que a Cidade Global de Saskia Sassen, dualizada ou brasilianizada, não é apenas, e nem longe, uma narrativa complacente e compassiva de exclusão. Pelo contrário, os "outros" territorializados pelo novo regime urbano não só não são trivialmente dispensáveis — como demonstra uma recente mobilização nacional dos "*janitors*"[43] e demais "serviçais" do capitalismo corporativo *place bounded*, queira ou não queira —, como estão transformando a cidade dualizada num território contestado. Portanto narrativa de um confronto balizada pela

42 Cf. Saskia Sassen, *Globalization and its Discontents*, New York, New Press, 1998, pp.XXX-XXXI. Pós-colonial evidentemente numa outra acepção de imigração, pelo alto no caso. Como Arif Dirlik gosta de observar, uma outra maneira de embandeirar a chegada glamourizada dos intelectuais da Periferia ao mundo acadêmico do Centro. Cf. Arik Dirlik, *The Postcolonial Aura*, Boulder, Westview Press, 1997.

43 Veja-se a matéria editorial sobre a greve de zeladores, porteiros, faxineiras, etc, em abril de 2000 nos Estados Unidos, na *International Socialist Review*, nº 72, junho-julho/2000. E também o filme *Bread and Roses* de Ken Loach, certamente um filme bem diferente quando revisto à luz desses baixos circuitos do capital por detrás das funções de comando.

revelação — à contra-corrente da retórica dos fluxos ilocalizáveis — de uma outra centralidade do lugar e da produção, seja essa última representada pelos trabalhadores de uma zona especial de exportação ou simples faxineiras e secretárias em Wall Street.

Antes de passar adiante nessa cartografia brasilianizada da polarização mundial em ascensão, não seria demais recordar que uma tal ressurreição do fantasma da cidade dualizada pode muito bem lastrear providências pró-sistêmicas. Daí algumas reticências. Por exemplo: "Cabe perguntar se as características mais específicas dessas cidades não seriam tanto a dualização extrema e sim o extremo contraste social e sua extrema visibilidade, por causa da presença da riqueza extrema e da forte midiatização desses espaços. Essa intensidade do contraste, sentida pelos moradores, seria também a fonte das tensões sociais e da escalada da violência que é costume associar-se à dualização. Em compensação, em termos absolutos, a polarização mais forte não seria necessariamente aquela observada nessas cidades, mas seu núcleo dominante estaria em oposição aos segmentos dominados da economia, aos lugares de exclusão, aos lugares onde o lucro nasce da desestruturação".[44] Noutras palavras:

44 Edmond Préteceille, "Cidades Globais e Segmentação Social", in Luis César de Queiróz Ribeiro e Orlando Alves dos Santos Junior

embora a tendência seja mesmo a escalada no aprofundamento dos extremos, acelerando inclusive a laminagem do já *declining middle*, subsiste um apelo, implícito na imagem da cidade dual, à espetacularização da coesão social ameaçada. Nesse mesmo passo, uma boa mídia se encarregará — como é da natureza do veículo — de despolitizar a desigualdade, agora sim assustadora. Numa cidade convenientemente repartida entre bárbaros e civilizados, as divisões acabam se resumindo a oposições anódinas entre violência e convivência, solidariedade e egoísmo, etc. Nesse caso, a ênfase dual dramatiza uma certa sensação difusa de crise, cujo de calda propiciará então uma intervenção estratégica na gestão da cidade — no caso, uma gestão de tipo empresarial, destinada a substituir a imagem problema de uma cidade dualizada pela imagem competitiva de uma cidade reunificada em torno

(orgs.), *Globalização, Fragmentação e Reforma Urbana*, Rio de Janeiro, Civilização Brasileira, 1994, p.86. Numa intervenção mais recente, o mesmo Préteceille volta a insistir com dados novos que a metrópole parisiense não se encaixa inteiramente no modelo da cidade global, com duas velocidades, polarizada entre um novo proletariado cada vez mais desqualificado e o topo dos serviços avançados prestados aos centros empresariais de comando das cadeias produtivas mundiais. Cf. "Divisão Social e Desigualdade: Transformações Recentes na Metrópole Parisiense", in Luis César de Queiróz Ribeiro (org.), *O Futuro das Metrópoles*, Rio de Janeiro, Revan, 2000.

dos negócios da máquina urbana de crescimento[45]. É nesse momento de virada e exorcismo da dualização que nosso autor-fluxo se converte em expert-consultor[46]. Apelando, entre outras panacéas anti-dualistas, e portanto geradoras de consensos óbvios (quem não é pela paz? pela civilidade?), para um certo sexto sentido cívico denominado "patriotismo de cidade". Convenhamos que a providência é astuciosa, sobretudo quando se trata de vender pacotes a municipalidades aspirantes a algum enclave de cidade global.[47] Pois como vimos, é justamente no território contestado destas últimas — as reais, é claro — que uma crescente e degradada força de trabalho, além do mais feminizada e etnicizada, vem acossando seus patrões globais numa arena para além de qualquer referência a uma comunidade nacional ou coisa que o valha, *et*

45 Para uma crítica da fraseologia dualista da "cidade partida", cf.Luis César de Queiróz Ribeiro, "Cidade Desigual ou Cidade Partida?", in Luiz César de Queiróz Ribeiro (org.), *O Futuro das Metrópoles*, ed.cit, pp.63-64. Para uma crítica mais abrangente do novo modelo de gestão urbana denominado genericamente "planejamento estratégico", ver Otília Arantes, Carlos Vainer e Ermínia Maricato, *A Cidade do Pensamento Único*, Petrópolis, Vozes, 2000, cujo argumento estou resumindo. A noção "máquina urbana de crescimento", retomada por O. Arantes, remonta aos escritos pioneiros de Harvey Molotch, cf. op.cit., p. 25 e ss.

46 Cf. Jordi Borja e Manuel Castells, *Local y Global. La gestion de las ciudades en la era de la información*, Madrid, Taurus, 1997, obra da qual um capítulo foi publicado na revista *Novos Estudos*, CEBRAP, nº 45, 1996, "As cidades como atores políticos".

47 Como explicam os autores de *A cidade do pensamento único*.

pour cause. O marketing de um sucedâneo de "pátria" faz então todo o sentido, bem como a alegação esperta de que a globalização — se facilitar — dualiza as cidades, cada vez mais parecidas com as "cidades partidas" brasileiras.

Fraturas francesas

Há meio século atrás, não foi pequena a contribuição francesa para a consolidação e difusão de uma outra grande narrativa fundadora de uma nacionalidade periférica como a brasileira. Exatamente algo como a intuição recorrente de uma "dualidade básica" — para falar como Inácio Rangel — cujas metamorfoses de época exprimiriam a lógica mais recôndita de nossa matéria social específica. De resto, nada que um brasileiro, letrado de preferência, não soubesse muito bem, mesmo nas formulações mais arrevesadas. Só para constar, recorde-se que sempre nos sentimos uma "imundície de contrastes", como dizia Mário de Andrade. Uma sensação a um tempo coletiva e de classe. Sobretudo de classe. Só à elite pensante e governante cabia o privilégio do ser-dividido entre duas fidelidades, ao pequeno mundo das segregações coloniais e ao grande mundo das metrópoles sucessivas do Império de turno, alternância ora formalizada e filtrada pelo juízo crítico, ora congelada nas fixações ideológicas da consciência amena do "atraso", hoje rediviva, esta última, com a cultura do contentamento gerada pela marola cosmopolita da globalização. Assim, a propósito do envelhecimento precoce das cidades brasileiras, Lévi-Strauss foi dos primeiros a bater na tecla de nossa constituição dúplice. Aliás, revelando meio sem querer aos brasileiros que essa caducidade de nascença corroendo nossos surtos modernizantes — como era de se esperar de um país de veleitários —, contrariava a certeza mítica do encontro providencial com o Progresso, reforçando em conseqüência o avesso não menos mitológico de tal certeza, a saber, que essa defasagem perene estava por seu turno na raíz da frustração permanente daquela visão do País do Futuro. Mais adiante foi a vez de Lucien Febvre felicitar-se por ainda poder assistir no Brasil ao espetáculo original oferecido pela superposição ao vivo de diversas idades históricas num só país. A seguir Roger Bastide nos definiu por um contraste por assim dizer atávico, sublinhando ora a crispação dos elementos antagônicos, ora, à maneira de Gilberto Freyre, a harmonização ou atenuação dos contrários. Mas foi sem dúvida Jacques Lambert quem cunhou o clichê mais duradouro a cerca da singularidade de nossa civilização, o cromo dos *dois brasis* justapostos, a nação dividida em duas partes isoladas por um abismo de séculos, o país urbano numa metade, na outra, ainda em vigor, os avatares da Colônia[48]. Tudo isso observado e dito por comparação óbvia com a relativa homogeneidade social de uma nação européia, cuja organicidade por seu turno nos servia de norma crítica e modelo a ser alcançado. Foi assim inclusive durante todo o ciclo que a seguir se desenrolou acompanhado por uma consciência dramática do subdesenvolvimento, nos termos da periodização adotada por Antonio Candido: a superação daquela dissociação intolerável entre os *happy few* incorporados às modernas formas de produzir e consumir e a grande massa das populações relegadas também foi entrevista no horizonte de uma homogeinização social à européia, movida a difusão do progresso técnico e pressão dos assalariados para aumentar sua participação no incremento do produto. Dizer que a coesão social resultante dessa dinâmica distributiva do finado ciclo fordista nos países centrais se encontra seriamente ameaçada, é dizer pouco. O tempo dirá se terá sido uma demasia desarquivar a imagem assustadora da sociedade dual do subdesenvolvidos, novamente na berlinda a propósito desses novos "tempos da exclusão", como se diz a torto e a direito no debate francês.

48 Cf. Paulo Eduardo Arantes, *Sentimento da Dialética na Experiência Intelectual Brasileira*, São Paulo, Paz e Terra, 1992, p.24.

Não saberia dizer se o neologismo *brésilianisation* chegou a ser empregado alguma vez quando a opinião francesa se deu conta de que, mesmo num dos países mais prósperos da Europa, a nova riqueza estava produzindo novos pobres em proporções nunca vistas, bem como regiões industriais sinistradas, zonas rurais desertificadas, subúrbios guetoizados, etc. Como também se começou a falar de um Quarto Mundo de marginalizados, podemos supor que só faltaria o acréscimo de mais uma palavra emblemática no vocabulário da exclusão — por enquanto sem aspas. Chegou-se no entanto bem próximo, porém em termos continentais: malgrado as óbvias diferenças estruturais entre a pobreza urbana latino-americana, velha de meio século, e a recente experiência francesa da precarização social, não faltou quem começasse a reparar que não era inteiramente arbitrária a transposição européia de conceitos forjados há 30 anos por especialistas franceses em América Latina, convergindo inclusive — crítica a menos — discursos e políticas corrrespondentes: "tendência sistemática à dualização do mundo social, oscilação entre populismo e miserabilismo, tentação das interpretações psicossociais que culpabilizam as vítimas".[49] O fato é que há

49 Didier Fassin, "Marginalidad et marginados" in Serge Paugam (org.), *L'exclusion: l'état des savoirs*, Paris, La Découverte, 1996, p.270.

mais ou menos uma década, a percepção francesa da "exclusão" e sua repartição entre o "dentro" e o "fora", começou a se ver espelhada na polarização entre o "alto" e o "baixo" da nova *underclass* americana e na dualidade centro/periferia da velha marginalidade latino-americana.[50] Ou melhor, na exata medida em que a "outra nação" americana descartável assumia traços inconfundíveis de terceiromundização com a multiplicação de pequenos *métiers* subproletários, reaparição das *sweat-shops*, trabalho a domicílio ou pago por peça, floração de todo um leque de novos ilegalismos e traficâncias, etc.[51] Seria o caso de dizer que se deu por tabela a brasilianização dessa percepção francesa das formas contemporâneas da miséria social sobre fundo da nova desgraça econômica, na esteira de um outro grande lugar comum: como sugerido, o termo de comparação americano para qualificar a atual escalada das desigualdades, notadamente urbanas e concentradas nos bairros deserdados das grandes cidades. E tal como o similar americano — não custa repisar — a réplica francesa também se assemelharia na mesma relegação *tiers-mondisée*. Revistas as coisas por esse ângulo, o atual mal-estar

50 Cf. Id., ibid., p.263.
51 Cf. Loïc Wacquant, "De l'Amérique comme utopie à l'envers", in Pierre Bourdieu (org.), *La Misère du Monde*, Paris, Seuil, 1993, pp.175-176.

francês na civilização também cristalizaria antes de tudo numa nova questão urbana de corte inédito, caracterizado justamente por uma decupagem binária da sociedade: cada vez mais a cidade deixaria de ser o quadro material da sociedade para sediar um tipo de organização espacial que exponencia a dessolidarização social em curso, a secessão americana definidora da ressurgência contemporânea da questão social.[52] Em suma, à certa altura começou a tornar-se corrente o emprego da expressão "société duale", com pleno conhecimento de causa quanto à origem americana desse barbarismo em *franglais*, para assinalar a *coupure sociale* que se tornara o traço dominante, por exemplo, do mundo francês do trabalho, rachado de alto a baixo entre um núcleo integrado de trabalhadores politécnicos e a massa marginalizada dos precários, condenados inclusive a brigar pelo triste privilégio de vender serviços pessoais aos titulares de rendimentos estáveis.[53] Fundindo os dois registros — a polarização urbana e a bipartição do assalariamento —, dois autores do Québec (quem diria) apelam significativamente para a noção de "banlieu du travail salarié" para situar mais vivamente na imaginação o

52 Cf. Jacques Donzelot, "La nouvelle question urbaine", *Esprit*, novembro 1999.
53 Cf. André Gorz, *Métamorphoses du Travail*, Paris, Galilée, 1991, pp.86,94.

processo de dualização das sociedades centrais, no caso, outra vez, de um lado o núcleo estável de uma nova elite de assalariados, do outro, uma ampla faixa precarizada de mão-de-obra *d'appoint.*[54] A analogia americana apresenta obviamente limites.[55] Mesmo assim, descontados os clichés alarmistas e estigmatizantes embutidos na síndrome americana[56], não é pequena a pertinência do paralelismo, a começar é claro pela inegável radicalização de certos processos de dualização, ostensivos em certos subúrbios franceses que nada diferem da deriva recente das *inner*

54 Paul Greil e Anne Wery, *Héros Obscurs de la Précarité*, Paris, L'Harmattan, 1993

55 P.ex., como os apontados por Loïc Wacquant no artigo citado. No caso do paradigma dual das cidades globais, já nos referimos às reticências de Edmond Préteceille, reiteradas, como se viu, noutro artigo sobre uma Paris que se encaixa mal no modelo de Saskia Sassen, "Inegalités, division sociale e ségrégations: les transformations récentes de la métropole parisienne", in Duhem, Grésillon, Kohler (orgs.), *Paris-Berlin*, Paris, Anthropos, 2000. Ver ainda, Marie-Christine Jaillet, "Peut-on parlez de sécession urbaine à propos des villes européennes?", que não obstante conclui o artigo por uma análise da muito real tentação da dessolidarização que ronda a próspera Toulouse na corrida para integrar o pelotão das "cidades que ganham", *Esprit*, novembro de 1999; no mesmo número, os urbanistas François Ascher e Francis Godard ainda são de opinião que a secessão urbana à maneira de Los Angeles, Caracas ou "telle ville brésilienne", está longe de anunciar o futuro próximo das cidades francesas, cf. "Vers une troisième solidarité".

56 Para uma breve análise de idéias feitas do tipo "os motins urbanos ameaçam a coesão social", ver, p.ex., Bruno Hérault, "Peurs sur la ville", in *La Pensée Confisquée*, obra coletiva do Club Merleau-Ponty, Paris, La Découverte, 1997.

cities americanas.[57] De qualquer modo, americanização e alguma variante da alegação periférica passaram a andar juntas, para bem e para mal, no mesmo vocabulário de denúncia — à esquerda e à direita — da falha geológica que vai trabalhando a sociedade francesa. Não por acaso a única menção explícita ao Brasil de que tenho notícia comparece, devidamente acompanhada de seu par americano, num estudo de caso de amotinamento suburbano, dcixando então para trás de si a sensação de que a via está de fato livre não só para a *tiersmondisation* dos bairros pobres mas que largas porções do território estão sendo envolvidas passo a passo numa "espiral de subdesenvolvimento": "*au pire le Brésil; au mieux l'*inner city *des villes américaines. Nous voilà bien loin des ambitions européennes*"[58].

Em julho do ano passado (2000), o boletim de conjuntura do Insee anunciava que a máquina econômica francesa rodava "*à plein régime*". De fato, a França

57 Como aliás admite o próprio Wacquant no artigo de há pouco. E mais — meia dúzia de anos depois, confirmando numa direção surpreendente a radicalização de tais processos de dualização — que é próprio de um mercado de trabalho cada vez mais "dual", a regulação da precarização social decorrente pela progressiva substituição do Estado Social pelo Estado Penal ampliado. Cf.Loïc Wacquant, *Les Prisons de la Misère*, Paris, Raisons d'agir, 1999.
58 Christian Bachmann, Nicole Le Guennec, *Autopsie d'une émeute*, Paris, Albin Michel, 1997, p.212.

crescia pelo terceiro ano consecutivo, enquanto a curva do desemprego continuava descendente, passando então de 12,5% para 9,1% durante o período. Mas nem por isso o Presidente Jacques Chirac recolheu o seu antigo bordão de campanha eleitoral. Contrariando o senso comum econômico (quem haveria de dizer ...), Chirac lembrou mais uma fez que a famigerada *fracture sociale* — segundo consta "conceito" lançado em 1995 pelo antropólogo Emmanuel Todd e pelo economista Henri Guaino — pelo contrário recrudescera nos últimos dois anos, acrescentando até uma pitada de paradoxo latino-americano: o retorno do crescimento econômico não aumenta automaticamente o poder aquisitivo da população. A chave do mistério é simples: franceses! ainda um esforço para aprofundar as "reformas"![59] Contra-prova? Para variar o furta-cor Alain Touraine — que ora confraterniza com o sub-comandante Marcos, ora sacramenta o Brasil privatista

59 Bem entendido "reformas" numa acepção inédita do termo. Como ficou claro na greve da função pública francesa de dezembro de 1995, e já era uma evidência escarninha no Brasil desde 1º de janeiro do mesmo ano, "o conceito de reforma social deixou de ser progressista e foi adotado pelos conservadores; deixou de significar incremento social e passou a indicar o regresso ao capitalismo brutalizado de Manchester no século XIX. Após transformar o conceito de reforma social em seu contrário e preenchê-lo com conteúdos antisociais, o governo [francês] passou a criticar os sindicatos com um cinismo inaudito, taxando-os de 'incapazes para a reforma'", Robert Kurz, *Os últimos combates*, Petrópolis, Vozes, 1997, p.282.

de seu ex-colega Cardoso de Paris X —, mesmo congratulando-se pelo incremento da autoconfiança dos franceses tampouco deixou de aproveitar a deixa para martelar na velha tecla conservadora das "reformas", como nos bons tempos de Juppé *l'audace.*[60] Digamos todavia que um tal lance de retórica eleitoral requentada não deixou de ser comandado por uma espécie de má consciência sociológica. Peripécia involuntária corroborada àquela altura por vários políticos de outros partidos, a saber: que o problema ainda é, ontem como hoje, o da exclusão "dura", a dos que continuarão de fora, uma vez que as empresas recrutarão apenas os mais "empregáveis", sem falar no fato de que a retomada pode endurecer ainda mais a sociedade etc.[61] Dito e feito: por aquela mesma época os conflitos trabalhistas voltavam a se radicalizar de uma maneira inesperada: além das ocupações, ameaças de converter as usinas paralisadas em bombas relógio ecológicas, quando não de simplesmente mandar tudo pelos ares. É verdade que na maioria desses casos se trata de setores condenados, mas, na hora da retomada do crescimento, esses assalariados jubilados parecem não mostrar mais a menor disposição, como dizem os próprios interessados, "*d'être les laissés-pour-compte*

60 Entrevista à *Folha de São Paulo*, 09/07/2000.
61 *Le Monde*, 01/08/2000

de la reprise", além do mais embrulhados por um enésimo plano social de "refundação" de qualquer coisa. É nesse ponto — como veremos logo mais — que o *Brasil redualizado* de hoje faz a diferença, e a brasilianização do mundo começa a mudar de sinal, credor de um legado histórico de fazer inveja aos dirigentes europeus mais ou menos constrangidos por algumas gerações de Contrato Social: assim, num país de dualização originária, o próprio Presidente da República pode anunciar impunemente que muitos milhões de seus compatriotas de baixa ou nula empregabilidade serão devidamente rifados pela reingenharia social em curso, sendo além do mais saudado pelo distinto público pela audácia da isenção sociológica com que lida com os fatos da vida nacional.

Um ou dois dualismos? Afinal é disso mesmo que se tratará mais à frente. Ou desde já, na visão mais convencional dos franceses alarmados, porém fazendo as devidas distinções: nas palavras de Claude Julien, "o mesmo sistema desenvolve, ao Norte, um dualismo que se quer 'civilizado' e, no Sul, um dualismo cujo caráter selvagem ninguém mais tenta dissimular"[62]. Sendo a globalização seletiva — e isso quase por definição, a despeito do mito da convergência das

62 "Ces élites qui régnent sur des masses de chômeurs", *Le Monde Diplomatique*, abril de 1993, p.9.

pretéritas economias nacionais devidamente mundializadas —, produz desconexões drásticas tanto na base como no topo da hierarquia mundial: em princípio a "fratura" no Centro e na Periferia não evoluiriam no mesmo diapasão. Ocorre que a tal brasilianização do mundo, como estão nos dizendo e nos interessa testar, indica justamente a contaminação da polarização civilizada em andamento no núcleo orgânico do sistema pelo comportamento selvagem dos novos bárbaros das suas periferias internas, que se alastram propagando a incivilidade dos subdesenvolvidos, de sorte que a grande fratura passa a ser vista também como a que separa os que são capazes e os que não são capazes de policiar suas próprias pulsões, como transparece, por exemplo, na retórica securitária do Manifesto "*Républicains, n'ayons plus peur!*", divulgado em setembro de 1998 por Régis Debray e seus companheiros da esquerda *musclée*. Não tenhamos mais medo, no caso, de compensar o encolhimento econômico e social do Estado pela sua expansão em matéria policial e penal: ao seu modo, a tal fratura social também exige "tolerância zero", nenhuma vidraça quebrada etc.[63] De sintoma confusamente diagnosti-

63 Veja-se o comentário dessa lamentável derrapagem em Loïc Wacquant, *Les Prisons de la Misère*, ed.cit., pp.125-131. Pelo sim pelo não, observo que o Autor, justamente alarmado diante da expansão galopante desse novo senso comum punitivo, nem por isso deixa

cado, a fraseologia da fratura (social, urbana ou o que for) pode num relance bascular e engordar o arsenal ameaçador dos riscos a pedirem providências gestionárias que nem sempre se distingue de um estado de sítio que vai madrugando com a ordem imperial que se avizinha.

Dito isso, é sempre bom recordar — retomando o nosso fio — que o famigerado discurso da fratura social, dividindo as populações afetadas em dois pacotes, foi propagado com enorme sucesso por Jacques Chirac durante a campanha presidencial. Sua alma sua palma: uma boa cartografia das fraturas francesas — como a estabelecida recentemente por um geógrafo independente[64] — confirma com efeito, para além, muito além da visão caricata dos subúrbios difíceis, devorados pela anomia, o advento de uma sociedade antagônica cujas linhas de ruptura vão se alastrando no ritmo mesmo da metropolização e do correspondente estilhaçamento do território e das economias nele ancoradas, lógicas de separação social, cultural e territorial, que vão apagando a imagem republicana tradicional da nação integradora, que vão enfim naturalizando o princípio regulador da desigualdade,

de lembrar que não se deve caluniar in abstracto a polícia e seus congêneres.

64 Christophe Guilluy, *Atlas des fractures françaises*, Paris, L'Harmattan, 2000.

desta vez *sans phrase*. Com efeito. Centrada na retórica altamente duvidosa — para dizer o menos — da exclusão, que por seu turno vinha alimentando há pelo menos uma década uma nova literatura sobre o retorno da Questão Social com o fim da Era do Crescimento, o discurso da fratura social apresentava de saída a inestimável vantagem de dissolver no grande dilaceramento do mundo o risco desagradável de entrever na imagem do país repartido entre incluídos e excluídos a expressão muito evidente de uma política de produção sistemática de desigualdades, de outro modo intoleráveis e degradantes. Nada mais razoável e até mesmo realista, portanto, do que concentrar o foco da fratura — como o nome aliás sugere — unicamente na ... exclusão.[65] Mas tampouco é suficiente descortinar o amplo panorama contemporâneo das desigualdades, sobretudo quando se alega a novidade delas, como ocorre no campo do reformismo modernista. O que significa dizer afinal que estamos ingressando numa nova era de desigualdades? Na melhor tradição apologética, que a sociedade tem sempre razão, ainda mais num momento dito de "reafirmação democrática" (*sic*) como o atual, quando está ficando

65 O resultado do segundo turno que elegeu Chirac confirmou a justeza dessa estratégia, conclui o mesmo Claude Julien, em cujo comentário estou me apoiando. Cf. "Briève radiographie d'une fracture sociale", *Le Monde Diplomatique*, junho de 1995.

cada vez mais difícil estabelecer a fronteira entre as novas desigualdades e a mudança social propriamente dita, e seus efeitos desestabilizadores sobre indivíduos afetados por uma gigantesca redistribuição de cartas ...[66] Trata-se no fundo de uma mutação antropológica, na origem de um inédito individualismo de massa, e o que mais a nova língua sociológico-gerencial puder recodificar. Como a idéia edificante de "inserção" — caso fosse possível a alguém permanecer "fora" da sociedade, pois nem mesmo os mortos conseguem. Pela enésima vez: o desempregado não foi "excluído" do mercado, simplesmente não encontra mais quem lhe compre a força de trabalho, assim como o pobre é um consumidor como outro qualquer, só que insolvável — numa palavra, o mercado é uma formação social que não admite nenhum "exterior".[67] Só para conferir: não por acaso as políticas ditas na França "de inserção" têm a mesma idade ideológica dos primeiros tempos de consagração da iniciativa empresarial enquanto fonte perene de inovação e riqueza. Convenhamos que não deixa de ter sua graça a aclimatação francesa da cultura americana de negócios justamente ao longo do período Mitterrand, um

66 Cf. Jean-Paul Fitoussi e Pierre Rosanvallon, *Le Nouvel âge des inegalités*, Paris, Seuil, 1996.
67 Cf. Etienne Balibar, *Les frontières de la démocratie*, Paris, La Découverte, 1991, p.202.

certo economicismo de esquerda glamouroso, resservido com um desconto especial ao público brasileiro desde julho de 1994.

Mas voltemos ao caráter afirmativo dessa constelação binária exclusão/inserção. E à bem conhecida aversão de Robert Castel à noção de exclusão. A seu ver importa muito mais destacar o papel estratégico das zonas intermediárias de vulnerabilidade que precedem o *décrochage*, e mais acima ainda, o epicentro das ondas de choque responsáveis pela *mise sur les marges* de uma parte crescente da população, pois ao contrário do que imagina o senso comum globalista, não há uma falha absoluta separando as "classes confortáveis" das subclasses dos indivíduos redundantes e banalizados, porém são justamente os *in* que geram os *out*: nunca o Centro foi tão onipresente no conjunto da sociedade. Novamente, ninguém está "fora"[68]. Tudo se passa em suma como se um processo de dualização real engendrasse uma falsa representação de uma ordem social dual consolidada: assim, num registro, percepção dramática de uma sociedade cada

68 Cf. Robert Castel, *Les Métamorphoses de la Question Sociale: une cronique du salariat*, Paris, Fayard, 1995; trad.bras., Vozes, Petrópoles, 1998. Ver ainda entrevista do Autor concedida a François Ewald, *Magazine Littéraire*, nº 334, 1995. Relembro que também para Castel o paradigma de uma sociedade dual é sem dúvida americano, com a ressalva de praxe segundo a qual a França ainda não chegou lá

vez mais *éclatée*; noutro, a visão dual-funcionalista de uma economia avançando em marcha forçada bem à frente de uma sociedade *qui a du mal à suivre*, como se diz nos documentos oficiais, sendo que os modernizadores de plantão estão aí para isso mesmo.

Não há brasileiro que não tenha visto esse filme, e para cuja edificação não será desinteressante relembrar os termos familiares nos quais Alain Touraine — para variar — recodificou a nova apologética da fratura social. Mais uma vez: a ruptura de época que estaríamos em princípio vivendo nada mais seria do que o rito de passagem de uma sociedade vertical de exploração econômica para uma sociedade individual de exclusão, na qual o decisivo não é mais pertencer ou não aos estratos superiores ou inferiores porém estar no centro ou na margem, de sorte que quem está fora viveria numa espécie de vazio social forçando a entrada no mundo dos integrados.[69] O que resta de antagonismo numa sociedade de atores individuais a um tempo fraturada, e por assim dizer, interacionista, é uma luta por reconhecimento, nem que seja por meio do confronto direto proporcionado por um

69 Cf.. Alain Touraine, "Face à l'exclusion", in *Citoyennité et Urbanité*, Editions Esprit, 1991, apud Joël Roman, *La Démocratie des Individus*, Paris, Calmann-Lévy, 1998, pp.19-20. Mais recentemente, entre outros escritos do mesmo Touraine, *Pourrons-nous vivre ensemble?*, Paris, Fayard, 1997.

motim, e não obviamente por transformação; *numa palavra, integração ao invés de emancipação.* Será preciso acrescentar? Nesse quadro de fracionamento horizontal, o núcleo dos incluídos representa o pacote "moderno" da sociedade que além do mais — aqui a boa notícia — funciona muito bem obrigado e de costas para a massa sobrante dos inadaptados, sem precisar explorá-los, nem mesmo coagi-los. Nessa indiferença, infelizmente, a principal fonte da violência e incivilidades. Posso estar enganado, mas creio que o golpe de misericórdia nessa periodização celebratória — era uma vez uma sociedade de classes baseada na exploração econômica, à qual sucedeu um sociedade de indivíduos movida pelo entra e sai meritocrático nas redes de afluência — foi dada afinal, pelo menos no âmbito do correspondente debate francês, por Luc Boltanski e Ève Chiapello, ao reintroduzirem nos seus próprios termos, quer dizer na linguagem mesmo da sociedade em rede, para a qual só a exclusão faz sentido e justamente como "desconexão", a noção crítica de *exploração* para além do vínculo clássico do assalariamento. Para tanto, trataram de levar a sério a noção afirmativa de exclusão, a ponto de convertê-la no seu contrário, a saber, uma forma de exploração que se desenvolve num mundo conexionista, mas agora um mundo em que a realização do lucro passa pela *mise en reseaux* das atividades.[70] Dito isso assim de passagem pois interessa ressaltar desde agora — e do ponto de vista da Periferia, uma vez que está na berlinda uma certa fratura brasileira do mundo, apresentado por sua vez como uma Rede de redes e localizações —, entre tantas categorizações novas, a existência bem tangível de mecanismos de extração de mais-valia "em rede"[71], como, por exemplo, relações econômicas fundadas em "diferenciais de mobilidade", aliás a cifra mesmo da estratificação da economia mundial, para ir direto ao ponto, sobre o qual por certo voltaremos.

Como disse, essa *dualidade unidimensional* é bem conhecida ao sul do Equador, onde foi aplicada como um compasso a uma outra fratura (agora sem aspas) mais originária, a rigor "colonial", compasso destinado a medir o que nos faltava e nos mantinha à distância da modernidade, na qual devíamos nos integrar, já que patinávamos no desvio, numa espécie de limbo civilizacional, como os "excluídos" de hoje. Não é que não fosse esse o caso. Ontem como hoje, o problema é

70 Cf. Luc Boltanski e Ève Chiapello, *Le Nouvel Esprit du Capitalisme,* Paris, Gallimard, 1999.

71 As "rendas informacionais" de que fala por exemplo Marcos Dantas nos trabalhos mencionados. Entre outros "valores" reapropriados pelo atual sistema de enclosures da riqueza "imaterial" gerada socialmente.

que quem pede para entrar normalmente não critica nem olha preço, para variar pago por uma nova categoria de "excluídos" da modernização, recomeçando o ciclo do subdesenvolvimento, para falar com um pouco de mais precisão, além de nos devolver ao nosso ângulo de ataque, o ponto de vista das periferias reenquadradas pelas novas disciplinas do capital vitorioso.

Comentando o sucesso crescente da noção *passe-partourt* de exclusão — consensualmente empregada à esquerda e à direita — Serge Paugam relembra — e não custa repisar — que o debate francês nos anos 70 girava basicamente em torno das relações de dominação e sua reprodução, cuidando muito excepcionalmente dos marginalizados pela modernização ou esquecidos pelo progresso.[72] Não que elas tenham desaparecido, deram inclusive um enorme passo adiante, multiplicando processos inéditos e dramáticos de ruptura. Para além do conflito clássico de interesses entre grupos sociais antagônicos — e que por isso mesmo se reconhecem como tais — a atual explosão de desigualdades, em uma sociedade até então razoavelmente integrada, seria na verdade a expressão de um colapso do próprio *vínculo social* — outra expressão consagrada para representar a coesão

72 Cf. obra coletiva citada, *L'exclusion: l'état des savoirs.*

social ameaçada pela generalização das ditas fraturas, cujo grau de comprometimento estaria assumindo proporções brasileiras irreversíveis, a acompanhar o atual repertório francês da precarização. Acresce que a exclusão assim entendida já não carrega consigo nenhum princípio de recomposição da sociedade — como nos bons tempos da luta de classes e seu horizonte de superações definitivas. Daí a escalada exponencial da *violência*, para citar outro tema dileto do atual reformismo conservador e ao qual com certeza voltaremos, pois força bruta é conosco mesmo, sem falar em nosso espantoso acervo de incivilidades. E o respectivo diagnóstico de ajusta: a violência seria uma das variantes da doença senil de uma sociedade industrial em declínio e de instituições republicanas em estado falimentar[73]. Novamente, disfunção patogênica por motivo de mudança social acelerada, menos uma crise do que a inauguração turbulenta de um outro paradigma civilizacional, acompanhada de falência múltipla dos enquadramentos formadores das antigas solidariedades, família, escola, empresa, sindicato, etc. Nessas circunstâncias, seria mesmo de se esperar uma reformulação "violenta" dos modos de se "fazer sociedade" — enfim, uma tese funcionalis-

73 Cf. Michel Wieviorka, *Violence en France*, Paris, Seuil, 1999.

ta clássica reciclada agora numa outra ambiência de "gestão" do social enquanto fratura exposta.

Uma ambiência de reengenharia de riscos e inseguranças que se poderia chamar então de *pós-nacional*, se é verdade que Nação e Questão Social sempre andaram juntas, datando a "invenção do social"[74] de um arranjo original de regulações e proteções desmercadorizadas, e a invenção política da nação consistindo na formação de uma sociedade institucionalmente capacitada para existir como um conjunto ligado por relações de interdependência.[75] Mas se é assim, a implosão do Estado Social e a consequente invalidação do vínculo social que ele descontratualizara — nem tudo é contratual num contrato, a começar pela compra e venda da força de trabalho — deixa ver retrospectivamente que de fato só há sociedade de "semelhantes", como queria Durkheim[76], e que uma

74 Título de um livro de Jacques Donzelot, Paris, Fayard, 1984. Para um comentário da periodização proposta pelo Autor — o Estado Social, destinado a contornar o conflito secular entre patrimônio e trabalho, de sorte que a segurança e o direito não dependessem mais exclusivamente da propriedade, teria começado a nascer depois do traumatismo de 1848 —, ver Robert Castel, op.cit., pp.269-275.

75 Cf.Robert Castel, op.cit., pp.18,19.

76 Ainda Castel (ibid., pp.277-278): que realça a afinidade da concepção "sociológica" de sociedade em Durkheim, adversário do postulado de base da antropologia liberal, obviamente individualista e economicista, quer dizer, o reconhecimento de grandes regulações objetivas dos fenômenos sociais, com a dos "republicains

sociedade de semelhantes só pode ser nacional, na acepção republicana que se está dando ao termo, de outro modo ambíguo até à raiz do cabelo. A fratura que dualiza é justamente essa dissolução de uma sociedade de "*semblables*", a rigor a negação da idéia mesmo de sociedade, que já não parece mais fazer sentido algum[77], como tampouco uma sociedade global sucedânea, uma contradição nos termos para o pensamento social clássico, ainda que essa ressalva não seja propriamente um argumento. A esse fim de linha alu-

de progrès", na origem Estado Social francês. Um amplo arco de coerência se estenderia assim do nascimento conjunto da Sociologia moderna e da Questão Social no século XIX — em princípio, tal questão, solucionável por uma espécie de reforma social permanente, induzida por algo como um arranjo político tácito entre liberais e socialistas depois de 1848, se Wallerstein tem razão — até à regulação de tipo keynesiano das sociedades salariais nacionais, precarizadas pela atual revanche dos mercados. Compreende-se então que a sociologia decline até à extinção a partir do momento em que — por motivo de globalização ou coisa que o valha — a idéia "nacional" de reforma social seja declarada obsoleta, salvo é claro na sua atual acepção antisocial invertida. Sobre esse eclipse concomitante de uma disciplina que nasceu conservadora e não obstante está condenada por vício de progressismo, e de uma resposta coletiva à Questão Social, ver Peter Beilharz, Postmodern socialism — romanticism, city and state, Melbourne UP, 1994, e ainda do mesmo autor, "Globalização, Bem Estar e Cidadania", in Maria Célia Paoli e Francisco de Oliveira (orgs.) *Os sentidos da democracia*, Petrópolis, Vozes, 1999, pp.202-203.

77 Seria ainda o caso de lembrar a provocação famosa? "There is no such a thing as society" (Margareth Tatcher), a "exclusão" que o diga. Assim como as abstrações podem destruir a realidade, o nominalismo também aniquila o seu próprio princípio de individuação.

dem Castel e Paugam — entre tantos outros – quando relembram que exclusão e sociedade não podem coexistir, a menos é claro que se fabrique um outro conceito para o atual espaço de não-relações sociais que se está cristalizando com a desafiliação em massa da ordem salarial específica do ciclo histórico recém-findo. Voltando às novas violências urbanas, que os atuais idcólogos e gestores globalitários encaram como o preço a pagar na transição de uma sociedade regida por um conflito central para uma outra "coisa" caracterizada pelo individualismo de massa (como Marcel Gauchet denominou a "sociedade da inseguridade"), faz então todo sentido anunciar que a França hoje é palco de uma desestruturação espetacular, *nada mais nada menos que a revogação da sociedade nacional francesa*[78] — o que os americanos começam a chamar de brasilianização, com a diferença é claro que num chegamos a conhecer uma sociedade salarial de verdade.

Estamos portanto de volta ao nosso cenário de origem: a síndrome brasileira da construção nacional abortada, e além do mais interrompida numa sociedade drasticamente heterogênea, "dualizada" pelo pró-

78 Cf. Michel Wievieorka, op.cit., p.47. Fechando o ciclo, com a palavra o inventor da "fratura social": "la nation, qui enferme les riches et les pauvres dans un réseau de solidarités, est pour les privilégiés une gêne de tous les instants", Emmanuel Todd, *L'Illusion Économique*, Paris, Gallimard, 1998, p.153.

prio processo de modernização, o que precisamente define o subdsenvolvimento como resultado histórico e não etapa a ser percorrida linearmente. (Em tempo: como não dispomos de moeda conversível nem comandamos nenhum processo endógeno de inovação tecnológica, uma outra provocação famosa continua a ser o que sempre foi, apenas uma provocação: o Brasil não é um país subdesenvolvido – apenas injusto, como reza o seu complemento cínico). De volta ao nosso ponto de partida, porém com uma ressalva: na hipótese, hoje sujeita à revisão[79], de que uma construção nacional de tal ordem estava efetivamente em curso desde que em meados do século XIX o Estado brasileiro, com a proibição do tráfico negreiro, emergiu da clandestinidade, na tese bem conhecida do historiador Luiz Felipe de Alencastro sobre as origens da nacionalidade. (A desfaçatez do disparate entre parênteses não deixa de reforçar a hipótese de que a ansiedade de elite com algo como um déficit de construção nacional a ser saldado pode muito bem não ser mais do que um outro mito restropectivo em nossas

79 Por exemplo, no ensaio exploratório de José Luis Fiori, "A propósito de uma 'construção nacional interrompida'", in José Luis Fiori, *Brasil no espaço*, (Petrópolis, Vozes, 2001), precedido por uma outra inscursão pioneira de Maria da Conceição Tavares "Império, Território e Dinheiro", in J.L.Fiori (org.), *Estados e Moedas no desenvolvimento das nações*, Petrópolis, Vozes, 1999. Está claro que voltaremos ao assunto.

grandes narrativas fundacionais. Veremos). Ora, se antes já era justamente essa famigerada "dualidade" *que nos fazia pensar* (no seu devido tempo, procurarei explicar como e porque) — a saber, a coexistência e determinação recíproca do Centro e da Periferia no mesmo espaço social, mola secreta da "dupla fidelidade" que agoniava nossos varões sabedores —, muito mais agora, em princípio pelo menos, que nossa fratura colonial congênita foi enfim igualada pela de um mundo que obviamente jamais conheceu a condição colonial (salvo os Estados Unidos e num outro registro, muito embora tenha sido uma República escravista), mas agora tão polarizado quanto uma imensa periferia, periferia que por seu turno sempre apostara no processo inverso, imantada pela redenção da homogeneidade social à européia que agora se esfarela — seja isso dito e redito para resumir o argumento.

Será preciso ainda acrescentar (nunca se sabe) que brasilianização global não quer dizer que o futuro do mundo seja o "atraso" ou alguma variante tropical de capitalismo selvagem — sobretudo quando se tem em mente a corrupção endêmica nos países centrais, já aclimatada como uma segunda natureza da economia desregulada e autonomizada — ao contrário, matriz colonial aqui é sinônimo de vanguarda num sentido muito preciso: "enquanto outras colônias se estruturavam como colônia de povoamento, portanto na retaguarda da expansão mercantil (...), o Brasil exemplarmente, nascia para o sistema na vanguarda, isto é, como lugar de produção"[80]. Hoje voltamos à vanguarda, só que da desintegração.[81] Na de ontem, quando éramos fronteira avançada do *désenclavement* planetário da economia-mundo capitalista[82],

80 Francisco de Oliveira, "A vanguarda do atraso e o atraso da vanguarda", in *Os direitos do antivalor*, Petrópolis, Vozes, 1998, p. 206.
81 Na fórmula de Roberto Schwarz, sob o impacto do fim de linha anunciado por Robert Kurz, aliás, justamente descoberto e lido nos idos de Collor, "Ainda sobre o livro de Kurz", *Novos Estudos*, CEBRAP, nº 37, 1993.
82 Recorrendo livremente a uma expressão de Jacques Adda, *La mondialisation de l'économie*, Paris, La Découverte, 1996. Com segundas intenções, é claro, quando mais não seja por propiciar o seguinte esclarecimento, já não sem tempo. O conceito de economia-mundo, que remonta a Braudel e foi explorado pelos teóricos da World-System Theory, destaca — à contracorrente das concepções liberais e marxistas convencionais, que pressupunham um espaço econômico politicamente neutro — o caráter político a um tempo plural e hierarquizado (como dizia o mesmo Braudel, não há capitalismo sem hierarquia e todo o tipo de assimetrias sociais que redundam em monopólios) do sistema mundial das trocas capitalistas. Assim, o espaço econômico internacional que se constitui na esteira do grande désenclavement europeu é desde o início um espaço, como se disse, fortemente hieraquizado, cuja expansão é indissolúvel da concorrência que contrapõe os Estados ocidentais e que se exprime na luta pelo controle das zonas periféricas. Quando se diz que no espaço de meio milênio essa economia-mundo se tornou planetária, isso não quer dizer que ela não tenha sido "global" desde o big bang que a engedrou. (Compreendamos enfim o disparate de um capitalismo originário brotando em um só país, como a Inglaterra da Revolução Industrial, e daí irradiando-se pelo mundo numa corrida de obstáculos entre o pelotão dos "adiantados" e a rabeira dos late-comers; despropósito simétrico ao juízo apologético

ocupávamos o extremo quimicamente puro de uma configuração social propriamente monstruosa, na qual se exprimiria o sentido mesmo da colonização, e como estamos vendo, um passado de muito futuro. Refiro-me à prevalência (e transparência) absoluta da razão econômica na gênese de uma "sociedade" que por isso mesmo (se Mauss e Durkheim têm alguma razão ...) dificilmente poderia atender por esse nome.

de hoje a respeito do capitalismo que deu certo nos países "avançados", do tipo: pelo menos lá onde ele funciona, funciona muito bem). Mais exatamente, tratando-se de uma rede de trocas implicando uma divisão do trabalho se espraiando por um espaço plurinacional — seja dito para simplificar, pois uma tal multiplicidade de jurisdições políticas recortando os territórios econômicos não precisa necessariamente assumir a forma "nacional", uma forma histórica entre outras —, e cuja compulsão de nascença à acumulação ilimitada proibe-lhe tanto encerrar-se num espaço político singular, quanto obriga a exponenciar a competição entre os poderes políticos rivais, barrando assim a hipótese — tentação recorrente — de um espaço estatal único de cunho imperial. Portanto, tratando-se de um sistema de fluxos de fatores transfronteiras e localizações econômico-políticos, estamos falando de um sistema que nesse desenclavement original (de cujo flanco brotamos) nasceu de uma só vez "global" e "nacional". Isso dito para já ir desarmando a falsa querela entre globalistas e localistas das mais variadas procedências e obstinações doutrinárias. E mais — ou sobretudo, pois aqui reside a matriz básica das polarizações que está nos interessando repertoriar — é precisamente na fronteira de contiguidade entre Centro e Periferia, e que os referidos teóricos denominam de semiperiferia, que nos situamos, ideológica e materialmente, e isso desde que tal espaço intermediário se configurou ao longo do século XIX, na condição de variável de ajuste do centro cíclico de turno. Aqui, como sugerido e ainda veremos mais de perto, a matriz sistêmica de nossa Dualidade de nascença, tanto a real quanto o seu símile ideológico.

No resumo exemplar de Celso Furtado: "Os que chegam trazem consigo meios necessários para por em marcha uma empresa que já nasce próspera (...) Um povo de comerciantes criava a primeira organização produtiva agrícola do Hemisfério Ocidental, vinculada ao mercado europeu (...) Estava lançada uma operação transcontinental de grande envergadura, com o objetivo de criar um fluxo de exportação para um mercado situado a milhares de quilômetros. Dessa forma, os critérios econômicos se sobrepõem a tudo. Poucas vezes na história humana uma formação social terá sido condicionada em sua gênese de forma tão cabal por fatores econômicos".[83] (Marx não dizia coisa muito diferente quando apresentava a empresa colonial como a câmara de decantação da verdade oculta na metrópole.) Resumo no qual ainda ecoam as considerações finais de Caio Prado Junior sobre a conformação colonial do Brasil contemporâneo, confrontando a eficiência de nossa ordem colonial enquanto organização produtiva com sua esterilidade "no que diz respeito a relações sociais de nível superior". A seu ver, dado o exclusivo da exploração econômica bruta, o que define o viver na periferia de matriz colonial moderna é essa "falta de nexo moral", tomado no seu

83 Celso Furtado, A *Fantasia Desfeita*, São Paulo, Paz e Terra, 1989, p.15

sentido amplo de "conjunto de forças de aglutinação, complexo de gerações humanas que mantêm ligados e unidos os indivíduos de uma sociedade e os fundem num todo coeso e compacto".[84] E então? Onde se diz nexo moral ausente numa quase-sociedade de vanguarda mercantil, podemos ler erosão e invalidação do tal *lien social* cuja evaporação contemporânea tira o sono dos franceses ameaçados de brasilianização.[85] Acontece que brasilianização, como o Ser em Aristóteles, se diz em mais de um sentido.

III

O MUNDO SEM CULPA (I)

Quando o mau juízo de Michael Lind acerca do caráter brasileiro da sociedade americana em gestação

84 Caio Prado Junior, *Formação do Brasil Contemporâneo*, São Paulo, Brasiliense, 15ª Edição, 1977, pp.344-345.

85 Dos argentinos também, afinal na América Latina nada mais próximo da Europa do que Buenos Aires. Como disse, não tinha conhecimento do emprego direto do neologismo brésilianisation na literatura francesa sobre a atual explosão das desigualdades. Todavia leio num artigo de Marie-France Prévôt Shapira sobre a fragmentação das cidades latino-americanas, que num doutorado de 1998 na EHESS sobre o processo de pauperização da classe média argentina, o autor considera que a Argentina vai afinal se aproximando do tipo mesmo da sociedade dual, a saber, o Brasil, e mais precisamente, que numa cidade dopada pela chegada dos investimentos estrangeiros como Buenos Aires, "la peur de la brésilianisation alimente un discours sécuritaire et des logiques de démarquage", *Esprit*, novembro 1999, p.133.

foi divulgado entre nós, deu obviamente algum pano para manga. Convidado pela imprensa a "repercutir" o prognóstico sombrio, o antropólogo Roberto da Matta reagiu à altura, quer dizer, à altura de uma ilustre linhagem explicativa das singularidades do país: "o uso da expressão brasilianização para exprimir um estado de injustiça social me deixa ferido e preocupado. De um lado, nada tenho a dizer, pois a caracterização é correta. De outro, tenho a dizer que o modelo de Michael Lind exclui várias coisas. A hierarquia e a tipificação da estrutura social do Brasil indicam um modo de integração social que tem seus pontos positivos. Nestes sistemas, conjugamos os opostos e aceitamos os paradoxos da vida com mais tranqüilidade. Seria este modo de relacionamento incompatível com uma sociedade viável em termos de justiça social? Acho que não. Pelo contrário, penso que talvez haja mais espaço para que estes sistemas híbridos e brasilianizados sejam autenticamente mais democráticos que estas estruturas rigidamente definidas, nas quais tudo se faz com base no sim ou no não. Afinal, entre o pobre negro que mora na periferia e o branco rico que mora na cobertura, há muito conflito, mas há também o carnaval, a comida, a música popular, o futebol e a família. Quero crer que o futuro será mais dessas sociedades relacionais do que dos sistemas fundados no conflito em linhas étnicas, culturais e sociais rígidas. De qualquer modo, é interessante enfatizar a presença de um estilo brasileiro de vida como um modelo para os Estados Unidos. É sinal de que tem mesmo água passando embaixo da ponte."[86]

Bem lembrado, com efeito. No caso, a lendária maleabilidade desse modo de ser com livre trânsito entre as classes, e de cunho simpaticamente popular. É claro que com um enorme porém, como logo se verá. Para abreviar e dar uma referência clássica, podemos dizer sem erro que esse quadro estilizado descende em linha direta do Brasil de antagonismos em equilíbrio, a rigor inventado por Gilberto Freyre, não obstante o forte apoio na enganadora persistência da ordem patriarcal. Volto a lembrar que Mário de Andrade costumava dizer que éramos uma "imundície de contrastes", mas isso em seu último período de empenho ilustrado no adiantamento mental e institucional do país. Enquanto o vanguardista retroverso Gilberto Freyre via nisto antes de tudo um luxo, mais exatamente, "um luxo de antagonismos". Podemos imaginar com que prazer teria relacionado o lapso bem paulista da "imundície" com as profiláticas luvas de borracha como certa vez caracterizou a colonização

86 Roberto Da Matta, *Folha de São Paulo*, 09.07.95, p.I-26.

inglesa na Índia, por oposição ao amálgama tenso porém harmonioso criado nos trópicos por um colonizador indefinido, meio europeu meio africano, como via o português. Lembro esta momentânea inversão de posições apenas para salientar[87] o quanto sua visão, a um tempo dessublimadora e gostosamente complacente, permitiu-lhe apresentar uma imagem em ruptura com a obsessão complexada de ajustar o país à marcha da civilização. Dito isto, não podemos passar adiante sem relembrar, restabelecendo a verdade histórica, que tal desrecalque anti-burguês deveu-se é claro à revelação modernista de que a modernidade pode ser plural, que nada nos obrigava a alinhar com a bisonha modernolatria dos futuristas europeus, por exemplo. Em suma, na réplica do autor de *Carnaval, malandros e heróis* repercutia ainda o contraponto nostálgico de Gilberto Freyre, obviamente a nosso favor, entre, de um lado, as "duras linhas puritanas" do colonizador inglês, e do outro, "o tipo contemporizador, sem ideais absolutos, nem preconceitos inflexíveis", que teria sido plasmado na América Portuguesa.

Esse cotejo desfavorável à rigidez da norma puritana, na origem da formação histórica dos Estados

87 Na esteira de Ricardo Benzaquen de Araújo, *Guerra e Paz – Casa Grande e Senzala e a obra de Gilberto Freyre nos anos 30*, Rio de Janeiro, 34 Letras, 1994.

Unidos, em benefício do termo de comparação brasileiro, por motivo de simpática aversão ao universo das disciplinas modernas, a ponto da eventual generalização de um certo estilo brasileiro de vida ser saudado como uma boa notícia para a causa da civilização, tem um outro precedente mais do que ilustre. Estou me referindo ao estudo fundamental de Antonio Candido sobre as *Memórias de um sargento de Milícias*, de Manuel Antonio de Almeida, romance de costumes de meados do século XIX no qual se acreditou ver um precursor picaresco de anti-heróis modernistas como Macunaíma e Serafim Ponte Grande.[88] Até que Antonio Candido mudasse o rumo desta fortuna crítica, reorientando em conseqüência a sondagem literária na direção de uma certa lógica social brasileira até então inexplorada, e no modo comparatista que está nos interessando agora reavivar. Revelou assim um modo de ser muito peculiar de suspensão dos conflitos e dos respectivos juízos morais, responsável por uma sorte de circulação contínua da gente pequena numa sociedade escravocrata, comprimida entre o trabalho servil e as classes proprietárias, entre as esferas da ordem e da desordem, do lícito e do ilícito, e empurrados

88 O clássico *Dialética da Malandragem* é de 1970, apenas recolhido em livro em 1993, em Antonio Candido, *O Discurso e a Cidade*, São Paulo, Duas Cidades.

de cá para lá pela inércia variada dos parasitismos e demais expedientes de sobrevivência, sem maiores dramas de consciência ou empenhos de convicção. O mais surpreendente é que esta arraia miúda, beirando a anomia, desse o tom ideológico para o conjunto da sociedade: seria o caso de lembrar que também os detentores do mando social "conjugavam os opostos", "aceitavam com tranqüilidade os paradoxos da vida", achando igualmente que as coisas não se fazem "na base do sim ou não"- para voltar aos termos em que no trecho referido Roberto da Matta por sua vez repudiaria a duvidosa supremacia do espírito americano do capitalismo sobre a maleável sociedade relacional brasileira. Antonio Candido também era da mesma opinião acerca do déficit de humanidade de uma organização social comandada pela introjeção da Lei e correspondente extroversão da violência interiorizada sobre os não-eleitos, e da respectiva vantagem civilizatória de uma sociedade que ganha em "flexibilidade o que perde em inteireza e coerência". Em resumo, a lábil alternância entre a norma frouxa e sua infração sem remorso, que amaina as tensões e dá lugar a toda sorte de acomodações, "nos fazem parecer por vezes inferiores ante uma visão estupidamente nutrida de valores puritanos, como a das sociedades capitalistas", mas com certeza haverá de facilitar "nossa inserção num mundo eventualmente aberto".[89] Esse mundo aberto, no qual se destacaria a contribuição milionária de nossas idiossincrasias, obviamente não veio. E se acaso chegasse, encontraria a *dialética brasileira da malandragem de ponta cabeça*. Deu-se o contrário em todas as frentes, como sabemos. Mas deu-se sobretudo um outro enorme disparate, a inversão positivadora da tese da brasilianização do Ocidente. Da parte de um europeu, nada mais genuinamente brasileiro.

O admirável mundo novo do trabalho é aqui

Até onde posso saber, o mais recente europeu a lançar o mote da brasilianização das sociedades centrais foi o sociólogo alemão Ulrich Beck, autor do slogan Sociedade de Risco e propagador da idéia de Modernidade Reflexiva ou Segunda Modernidade, de Anthony Giddens.[90] Como seus precursores americanos, principiou empregando o neologismo na sua acepção entrópica mais evidente, como sinônimo de exclusão e dualismo selvagem. Assim, arremata seu penúltimo livro profetizando a brasilianização da Europa, caso

89 Op.cit., p. 53.
90 Cf. Ulrich Beck, *Risk Society*, Londres, Sage, 1992; Anthony Giddens, Ulrich Beck, Scott Lasch, *Reflexive Modernization*, Londres, Polity, 1995.

esta não se decida por um *new deal* contra a exclusão social – entre as gerações, entre os ocupados e os desempregados, etc.[91] Nessa fantasia, o monopólio estatal da violência terá sido abolido; o Estado-Social estará em ruínas, mas não impera a desordem, ou melhor apenas nos territórios intermediários que juridicamente não pertencem a ninguém, pois nos demais – unidades de poder conflitantes que se defendem e se enfrentam, Estados que representam interesses particulares de interessados particulares – reinam, confusamente delimitados, grandes empresas internacionais, cartéis de drogas, exércitos de libertação nacional, militantes ambientalistas, etc. Nestes Estados residuais ainda se arrecadaria impostos, mas na forma de pagamentos voluntários ou doações institucionais. Encimando a projeção deste cenário, variantes estilizadas da atual cleptocracia global; por exemplo, circunstâncias em que se permite roubar livremente, inclusive por razões terapêuticas, sem falar em regiões nas quais se poderá adquirir e consumir sem restrições entorpecentes, aliás um velho tópico programático liberal. Neste último item, nossa imaginação nacional terá sido talvez mais exata. Num filme brasileiro recente, sem dúvida o mais importante

91 Cf. Ulrich Beck, *O que é globalização?*, São Paulo, Paz e Terra, 1999.

da década – o que não chega a ser propriamente um elogio, em vista da indigência característica de um período de regressão em todos os níveis –, *Cronicamente inviável,* de Sérgio Bianchi, uma jovem senhora de sociedade, de passado possivelmente esquerdista e presente filantrópico, acha que o Estado deveria distribuir gratuitamente *crack* para os excluídos: se o futuro deles é mesmo nenhum, que pelo menos sejam publicamente assistidos em sua agonia pelo paraíso artificial do poeta a título de *Welfare.*

Mas ao que parece essa visão de um naufrágio *à la carte* do Ocidente terá sido apenas um mau pressentimento. No livro seguintede Ulrich Beck, talvez contaminado pelo otimismo oficial da Expo-2000 de Hannover, que lhe encomendou uma monografia para a Biblioteca Básica da Mostra, o Brasil reaparece elevado porém à condição de paradigma positivo do *Admirável Mundo Novo do Trabalho,* anunciado pelo título da obra. Tudo se passa como se bem brasileiramente nosso autor tivesse regredido da consciência catastrófica da brasilianização do Ocidente para uma amena consciência verde-amarela da globalização, mais exatamente, da dualização do mercado de trabalho. Voltamos assim a ser o País do Futuro. No caso, somos o real protótipo da Sociedade de Risco a caminho. Quem diria: nossa modernização de *rattra-*

page acabou entroncando na Segunda Modernidade, a dinâmica reflexiva e triunfante da "modernização da modernização" manifestou-se finalmente na "desordem" de uma sociedade periférica, por definição inacabada. Queimando outra vez etapas, nos vemos de novo na vanguarda, quer dizer, na vanguarda da "superação" do regime de plena ocupação do trabalho no Ocidente. "O Brasil desafia a imaginação sociológica como um laboratório único, no qual nossas certezas se desfazem. A metáfora da brasilianização busca traduzir este movimento (...) O problema da brasilianização é a diferença entre a Primeira e a Segunda Modernidade, que é a simultaneidade do risco global, como prova a desagregação do mundo do trabalho e a universalização do desemprego".[92]

92 Cf. Ulrich Beck, *The brave new world of work*, Londres, Polity, 2000, notadamente capítulos 1 e 6. Para um breve resumo do argumento, cf. artigo do mesmo autor no New Statesman, 05.03.1999, "Goodbye to all that wage slavery". Ver ainda a entrevista com o autor feita por José Galisi Filho para a Folha de São Paulo, 23.05.1999, que aliás a certa altura lhe pergunta porque exatamente "brasilianização" e não, por exemplo "mexicanização"? Com efeito, embora o PIB mexicano tenha crescido "assombrosos" 7,8% no primeiro semestre de 2000, o último levantamento de distribuição de renda e riqueza (INEGI de agosto de 2000) mostrava que o fosso entre ricos e pobres aumentara ainda mais, a ponto de alguns especialistas estimarem que a rigor mais de 2/3 da população mexicana já se encontrava abaixo da linha de pobreza, concluindo que desde a desvalorização cambial de 1994 a classe média fora aos poucos destroçada, tornando o México um país que passara a ter só ricos e pobres, sem uma camada intermediária. Enfim, dois Méxicos. (Não

A essa altura o *risco* poderia ser grafado com maiúscula como uma categoria ontológica do famigerado estar-no-mundo, como nos bons tempos da descoberta existencialista da Finitude e seus derivados. Assim, enquanto na Primeira Modernidade tudo era uma questão de segurança, certezas e demarcações nítidas entre o sim e o não, agora, da economia à intimidade, tudo se encontra sob o novo regime do risco. Sobretudo a compra e venda da força de trabalho, domínio no qual passamos a exportar *know how* em matéria de flexibilidade máxima. E pouco importa se para milhões de brasileiros as tarefas da Primeira Mo-

deixa de ser intrigante, seja lembrado de passagem, que alguns teóricos brasileiros, por isso mesmo heterodoxos, tenham recentemente ressaltado não só a centralidade da classe média brasileira, mas ancorado seus respectivos projetos de renascimento nacional no reencontro dessa mesma classe média rediviva com o "povo", o qual obviamente estaria muito longe da decomposição por entropia ou anomia, como se divulga nos clichês da elite, no dizer deste mesmos teóricos). O mesmo José Galisi Filho entrevistou a respeito o atual Ministro do Trabalho da RFA, para o *Jornal do Brasil*, do qual obviamente recebeu uma resposta oficial: depois de admitir que a era clássica do pleno emprego chegara ao fim, que uma crescente maioria de trabalhadores apresenta uma "biografia descontínua", o Ministro se recusou a endossar a opinião de que daqui há dez anos um entre cada dois alemães ocupados trabalharia em "condições brasileiras". De certo não compreendeu que tais condições se referiam à ascensão do novo homem, o Homem Flexível, cuja maleabilidade à brasileira estaria desenhando um novo modelo alternativo de ocupação, característico dos flextimers, algo que sem o saber parece que sempre fomos, flexíveis de nascença, quem sabe nos termos clássicos do pensamento brasileiro referidos acima.

dernidade ainda são uma pauta eternamente adiada, pois o raciocínio não é etapista, e está mais para pastiche involuntário de uma revolução permanente, se não à maneira bolchevique, pelo menos, de decalque em decalque, ao modo do Alto Modernismo brasileiro, quando este fantasiava juntar performance *high-tech* ao nosso reservatório pré-burguês de desordem colonial. Pensando bem – estamos diante de um outro episódio de acerto involuntário –, o pressentimento de uma flexibilização à brasileira do mundo não chega a ser um despropósito, desde que se inverta o sinal das duas variáveis, qualificando melhor a desordem efetivamente gerada pela flexibilização. Como fez, por exemplo, Richard Sennett, no sentido da alienação crescente do sujeito que se "dobra" e se ajusta ao rebaixamento do meio em mudança: o que no topo da hierarquia do capitalismo flexível se apresenta como poder para prosperar no caos das empresas tecnológicas em expansão, se manifesta como compulsão auto-destrutiva dos que trabalham mais embaixo no regime flexível.[93]

Obviamente Ulrich Beck não é o primeiro a celebrar a presumida revolução copernicana operada pelo

93 Cf. Richard Sennett, *The corrosion of character – the personal consequences of work in the new capitalism*, NY, Norton, 1998, pp.46-63.

emprego flexível. Tampouco é o primeiro a lembrar o quanto esta fragilização de massa se deve à avassaladora feminização da força de trabalho, cuja dupla jornada pedia no limite horários mais elásticos de extração de mais-valia.[94] Porém inova quando assimila uma tal feminização – para não falar na correspondente etnização da mão de obra imposta igualmente pela corrida ao corte de custos – à síndrome geral a que se está dando o nome de brasilianização. Desde é claro que se chame a flexibilização pelo seu verdadeiro nome brasileiro, a saber: um agravamento tal da espoliação e desamparo dos indivíduos flexibilizados a

94 Pois afinal é disso que ainda se trata, como demonstrou faz tempo, David Harvey, entre outros estudiosos da chamada acumulação flexível. Cf. *The condition of posmodernity*, Oxford, Blackwell, 1989. Demonstração acrescida da novidade não prevista pelos que à esquerda sempre apostaram no caráter intrinsecamente progressista do capitalismo, a saber o retorno de estratégias de extração de mais valia absoluta, propiciado pelo desenvolvimento de novas tecnologias de organização da produção, que por sua vez, agora sim, como era de se esperar, exponenciou a valorização da nova força de trabalho intelectual, valorização política inclusive, como instrumento privilegiado na desmoralização do sindicalismo de conflito. O regime dito de acumulação flexível resultaria da recombinação destas duas estratégias clássicas, porém em condições tais que diferentes sistemas de trabalho alternativos podem existir lado a lado no mesmo espaço, assegurando ao empreendedor capitalista uma tal liberdade de escolha entre modos aparentemente incongruentes de exploração econômica como só se vira até então nas industrializações periféricas. Daí a forte impressão de dualização subdesenvolvida que provoca o espetáculo oferecido pela "desordem" do capitalismo antes organizado, pelo menos no Centro.

ponto de assumirem cada vez mais os traços dos "homens precários" da periferia.[95] Precários porém altamente maleáveis e plásticos na sua informalidade de nascença. Esse o ponto ótimo embora cego da nova apologética: desentranhar do processo metropolitano de "corrosão do caráter" pela Sociedade de Risco a exuberância sem nenhum caráter do povo miúdo da antiga franja colonial do sistema.

O MUNDO SEM CULPA (II)

Na verdade, deu-se mesmo um encaixe pelo qual ninguém podia esperar. A alegada contaminação legitimadora da acumulação flexível pela fluidez da boa alternância brasileira de ordem e desordem, vanguarda produtiva e retaguarda social, veio de fato estilizar a convergência entre duas modernizações abortadas, ou consumadas, tanto faz, confluência entre o desaburguesamento das elites globais e o "mundo sem culpa" plasmado na outrora promissora quase-anomia periférica. É que neste meio tempo os desclassificados da ordem colonial tornaram-se absolutamente modernos.

95 Título de um livro pioneiro de Flávio Aguiar sobre o teatro de Qorpo Santo, escritor brasileiro do século XIX que elevou à enésima potência o nonsense ideológico do "viver em colônia", força bruta do trabalho compulsório incluído, ao lado da insanidade "sistêmica" dos pacholas de todo o tipo, germinando na terra de ninguém entre os dois fronts da fratura colonial.

No âmbito da tradição crítica brasileira que estamos repassando, o primeiro a assinalar a metamorfose do malandro, ou mais exatamente o comentário impiedoso da atualidade sofrido pelas perspectivas sociais projetadas pela Dialética da Malandragem, foi o crítico literário Roberto Schwarz, não por acaso, repito, derradeiro representante dessa mesma tradição. "O ensaio de Antonio Candido foi publicado em 1970, e a sua redação possivelmente caia entre 1964 e o AI-5. Nesse caso, a reivindicação da dialética da malandragem contra o espírito do capitalismo talvez seja uma resposta à brutal modernização que estava em curso. Entretanto, a repressão desencadeada a partir de 1969 – com seus interesses clandestinos em faixa própria, sem definição de responsabilidades, e sempre a bem daquela mesma modernização – não participava ela também da dialética de ordem e desordem? É talvez um argumento indicando que só no plano dos traços culturais malandragem e capitalismo se opõem..."[96] Isso observado por volta de 1978. Verificação ainda mais enfática no início dos anos 90, uma década depois do desengano desenvolvimentista, a propósito de um importante ensaio de interpretação do Brasil ain-

96 Roberto Schwarz, "Pressupostos, salvo engano, de 'Dialética da Malandragem'", in *Que Horas São?*, São Paulo, Cia. das Letras, 1987, p. 154

da inspirado pelo finado projeto modernista de incorporação dissidente da herança colonial pré-burguesa, de costas todavia para o que tal herança efetivamente veio a ser, bem como seus portadores originais. Estes últimos, "segundo a fórmula de um observador recente, são sujeitos monetários sem dinheiro, num quadro de que a contravenção e o gangsterismo fazem parte tão estrutural quanto o encanto da cultura iletrada (...) sem prejuízo da graça e do alento utópico, o nosso fundo não burguês se mostrou apto, também, a servir de legitimação ao capitalismo sem lei nem cidadania trilhado no país".[97]

O mais surpreendente no entrecruzamento que estamos examinando, desta vez na opinião insuspeita da apologética metropolitana, é que o capitalismo com lei e cidadania no núcleo orgânico está cada vez mais parecido com a nossa malandragem agora ultramoderna. Não deixa de ter sua graça ser convidado a reconhecer alguns estereótipos da extinta malandragem nacional encravados na fluidez conexionista encarnada pelo novo paradigma da Sociedade em Rede. Graça além do mais reforçada pela demonstração do

97 Idem, "Discutindo com Alfredo Bosi", in *Seqüências brasileiras*, ed.cit., p.70. O autor da fórmula, "sujeitos monetários sem dinheiro", quer dizer, ex-proletários virtuais, é o teórico alemão Robert Kurz, revelado no Brasil pelo outro Roberto, é sempre bom lembrar, se é fato que essa gravitação conjunta é parte do argumento.

efeito de economia moral oposto, como no referido argumento crítico de Luc Boltanski e Ève Chiapello, que, no melhor estilo da *Ideologiekritik* de extração materialista, tomam ao pé da letra os enunciados práticos do mundo conexionista. Veja-se, por exemplo, a análise dos comportamentos ditos "oportunistas" dos *networkers* e suas implicações enquanto modalidade de exploração econômica em rede, à medida mesmo em que desencadeia processos de exclusão diminuindo a "empregabilidade" dos demais membros de um coletivo de trabalho. Num estudo anterior sobre as situações emotivas que se estavam cristalizando na variante italiana da acumulação flexível, Paolo Virno também notara o quanto a versatilidade adaptativa exigida pela nova dependência do trabalho – a que se resumiria a falsa liberação pós-taylorista – equivalia a um certo oportunismo militante, além do mais expressão paradoxal de um arranjo para nós familiar: o "profissionalismo" apregoado pelos flexibilizadores nada mais seria do que uma estilização cínica das qualidades de sobrevivência apuradas durante os períodos prolongados de precariedade, ou simplesmente de pré-trabalho.[98]

Um último flagrante dessa metamorfose dos ha-

98 Cf. Paolo Virno, *Opportunisme, cynisme et peur,* Paris, L'Éclat, 1991.

bitantes do "mundo sem culpa", o mesmo Roberto Schwarz voltou a colher numa das mais importantes obras literárias da década de 90, o romance *Cidade de Deus*, de Paulo Lins, sobre a expansão e mutação histórica da criminalidade no Rio de Janeiro. Já nas páginas de abertura, o crítico reencontra as pautas clássicas da vida popular brasileira, onde "em boa paz e sem susto para a consciência, o pé na irregularidade convive com a disposição prestativa", mas só até que essa constelação cordata e otimista seja contestada pela "pobreza, o desemprego e, sobretudo, pelos primeiros cadáveres boiando no rio que corre ao lado da favela. O aspecto da vida popular que irá prevalecer é outro." Na primeira seqüência de assalto, a um prosaico caminhão de gás vendendo botijões aos moradores, os bandidos chutam a cara de um "trabalhador" que, deitado no chão, tentava esconder o dinheiro: "a palavra 'trabalhador' torna mais condenável a violência dos bandidos? Ou pelo contrário, ela escarnece do otário que os quis enganar? Impossível dizer. A ambivalência no vocabulário traduz a instabilidade dos pontos de vista embutidos na ação, um certo negaceio malandro entre ordem e desordem – para retomar noutra etapa a terminologia de 'Dialética da Malandragem'. Aliás, os mesmos assaltantes franqueiam os botijões de gás ao pessoal assustado, que saía de fininho mas num minuto leva toda a mercadoria."[99] Continuamos assim no coração da *dualidade brasileira*, mas agora entendida como a experiência formadora de matriz popular, como vimos nos termos clássicos de Antonio Candido, uma espécie de "balanceio entre o bem e o mal, compensados a cada instante um pelo outro sem jamais aparecerem em estado de inteireza", de sorte que os pares antitéticos das sociedades consolidadas – lícito ou ilícito, moral ou imoral, justo ou injusto, etc. – se mostram reversíveis e não estanques, imunes à racionalização ideológica clássica das antinomias, convivendo por aqui num curioso lusco-fusco[100]. Só que assustadoramente convertida no seu avesso complacentemente auto-destrutivo. Nada mais flexível do que a precariedade ocupacional de um "bicho solto"[101] e sua respectiva sociedade de risco.

Se passarmos ao polo das elites, iremos nos deparar com a mesma malandragem, só que agora a serviço da Ordem. Neste capítulo é bem possível que também nos reconheçam algum pioneirismo em matéria de degradação *avant la lettre*, a saber, as conseqüências sociais devastadoras da "margem de liberdade absur-

99 Roberto Schwarz, "Cidade de Deus", in Seqüências brasileiras, *ed.cit., pp. 163-164.*
100 Cf. Antonio Candido, op.cit., p.48.
101 Na tipificação hierárquica dos bandidos na sociedade "relacional" da Cidade de Deus.

da e anti-social de que a classe dominante, fortalecida pelo seu canal com o 'progresso' do mundo moderno, dispõe no país"[102]. Como nossa burguesia nunca se pautou, nem poderia, salvo por motivos suicidas, pelo austero *ethos* weberiano da acumulação, sua dualidade rebaixada – um pé no patrimonialismo local, outro nas trocas transatlânticas modernas – por assim dizer antecipara a desmoralização contemporânea das finadas burguesias mundiais. Recentemente Francisco de Oliveira cunhou a expressão "síndrome russa" para caracterizar as privatizações brasileiras ainda em curso – o vendedor também costuma passar para o outro lado do balcão como comprador –, mas não seria exagero reconhecer a marca indelével da hoje decantada flexibilidade brasileira no cenário pós-soviético em que gravitam os "capitalistas sem capitalismo": uma boa pesquisa comparada poderia descobrir coisas do arco da velha em termos de ambivalência malandra na desordem da Europa Oriental. Mas não é preciso ir tão longe.[103] De modo geral, o lusco-fusco malan-

102 Roberto Schwarz, "Um seminário de Marx", in *Seqüências brasileiras*, ed. cit., p. 103.

103 Uma boa amostra do modus operandi do Estado em Rede – na mirabolante conceituação de Manuel Castells e associados – pode ser encontrado no último escândalo da República, um tenebroso affaire de alta traficância na Secretaria Geral da Presidência da República. Para um comentário das implicações sistêmicas dos negócios globalizados com fundos públicos, ver o artigo de Francisco de

dro, a promíscua alternância do lícito e do ilícito, se deixam reconhecer em estado bruto na delinqüência financeira de hoje, possivelmente outro sintoma aparatoso da brasilianização do mundo. Penso, entre outros detalhes edificantes para um brasileiro, numa observação da juíza Eva Joly, acerca de sua dificuldade em enquadrar como réu um criminoso de colarinho branco, ou melhor monocromático – personagem hoje inviável sem a associação com o alto preço das decisões dos políticos sobre privatizações e concessões de serviços públicos –, sobretudo quando se tem em mente que para a tradição jurídica iluminista o criminoso era antes de tudo vítima de suas circunstâncias. Ora, o novo delinqüente econômico – nosso flexível malandro da ordem e da desordem mundiais – apresenta pelo contrário um percurso institucional notável pela superadaptação, precisamente de uma incomparável e bem brasileira "naturalidade"[104].

Faltou acrescentar enfim, nesta série de invalidações sucessivas da lógica nacional do amaciamento dos conflitos e correspondente relativização dos pólos antagônicos, que por sua vez a ressalva pela qual

Oliveira, "As Caldas de Pereira: o escândalo globalitário", *Folha de São Paulo*, 17.08.2000, p.I-3.

104 Me apoio na resenha de *Notre affaire à tous* (de Eva Joly, Paris, Les Arènes, 2000), de Alcino Leite, *Folha de São Paulo*, 30.07.2000, Caderno *Mais!* p.30.

começamos – que em comparação com os sistemas sociais rígidos, como o americano, o futuro está mais para as sociedades relacionais como a nossa –. em particular, as grandes mediações evocadas pelo antropólogo Roberto Da Matta, positivando o juízo negativo acerca do abrasileiramento das desigualdades americanas, como o carnaval, música popular, a família, etc., tal ressalva, repito, acaba de sofrer igualmente, por assim dizer no plano mais contundente das imagens, outro comentário implacável da atualidade. Refiro-me ao filme já citado de Sérgio Bianchi, *Cronicamente inviável*, começando pela revelação da fabricação da açucarada "ditadura baiana da felicidade", passando pelo esvaziamento social-familista da utopia carioca da Bossa Nova e culminando numa grandiosa pancadaria em família, distribuída eqüitativamente entre o filho espancador de trombadinha e o romance da empregada doméstica disposta a abrir o bucho de Madame, aliás sua companheira de infância e Casa Grande na Gávea. De resto, boa parte das seqüências são montadas pelas andanças de um antropólogo pelo país do extermínio que vem a ser atualmente o Brasil, cuja duvidosa clarividência intelectual se casa sem maiores atropelos com o tráfico de orgãos, pois ninguém é de ferro e sempre se carece de uns trocados para arredondar o orçamento. O que não deixa de ser uma volta a mais no parafuso da reversão histórica da picaresca nacional.

Subindo novamente ao andar de cima, a alternância de ordem e desordem tornou-se enfim *ressentimento ostensivo*, a ponto de se tornar traço fisionômico de classe, na boa observação do crítico de cinema Ismail Xavier, num balanço recente da cinematografia brasileira dos anos 90.[105] Aliás, depois de passar em revista a expressiva galeria de ressentidos na filmografia do período, Ismail Xavier chega a sugerir que a figura do ressentimento talvez tenha se tornado uma categoria chave para o diagnóstico nacional, como se todos ruminassem uma desfeita histórica qualquer, com a natureza da qual infelizmente não é muito difícil atinar. Houve uma explosão, e em meio aos estilhaços "o nacional é experiência à revelia (que) no entanto se impõe, pela própria estrutura do filme [de Sérgio Bianchi], como um território e como uma sina, como a mesa do restaurante". Voltando à desautorização histórica do mito da terra sem mal, por motivo de frouxa interiorização da Lei, o filme toma o cuidado de distinguir o ressentimento dos oprimidos da sua versão classe alta. A qual não se conforma, por exemplo, com a vergonha permanente do lugar onde vive e

105 Cf. Ismail Xavier, "O cinema brasileiro dos anos 90", revista *praga* n.9, São Paulo, Hucitec, 2000.

aspira pelo menos à violência civilizada do Primeiro Mundo, por contraste com a violência *sans phrase* dos subdesenvolvidos, cuja encantadora desordem de outrora teria se tornado sinônimo da mais bruta incivilidade, uma obsessão, esta última, ao longo de todo o filme. Há também, noutra observação preciosa de Ismail Xavier, a revelação de uma certa "incompetência" na origem do ressentimento dos de cima. Na hora do brinde à Nova York, estão reunidos à volta da mesa do restaurante politicamente correto, pelo menos um humilhado por assalto e outro estropiado por acidente de trânsito pouco europeu. Ressentimento a meio caminho da amargura do patrão decepcionado – como Antonio Candido caracterizou certa vez a imagem do caipira desvitalizado e retrógrado criado por Monteiro Lobato – e da inépcia truculenta de uma camada dirigente a um tempo maligna e bisonha, na opinião, insuspeita de esquerdismo, de um Celso Furtado, por exemplo, logo depois de nosso acordo falimentar com o FMI: "existe uma espécie de estratégia com respeito ao Brasil, comandada pelos Estados Unidos e baseada na idéia de que o Brasil demonstrou incapacidade de se governar. Um país com tantas possibilidades e que se afunda tanto tem uma classe dirigente inepta. Para mudar isso é preciso tirar dessa classe dirigente o instrumento da política monetária. Com a dolarização, o sistema monetário passaria a ser administrado pelo Federal Reserve, que é o Banco Central dos Estados Unidos. Essa é a própria essência da globalização."[106]

Voltemos ao hemisfério superior da Ordem, tomando-a agora na sua acepção mais encorpada, à esfera simbólico-normativa da Lei que nunca foi plenamente introjetada na organização subjetiva dos figurões nacionais e sua clientela, pelo menos não na intensidade e convicção desejada pelos freudianos – como lembrado, a norma burguesa da subjetividade mais exigente não era mesmo conosco.[107] A começar pelo psicanalista malandro que negocia o preço da sessão com ou sem nota fiscal. Assim, na opinião de um ex-ministro dos tempos do Plano Cruzado – nosso derradeiro espasmo desenvolvimentista –, comentando o mesmo filme de Bianchi, que obviamente, lhe falou à imaginação num país de sonegadores assumidos: "na hora do perigo, do acidente, do assalto ou da redenção, se mostram como são: roubam, salvam o seu e fogem", e mais importante, "fazem quase tudo legalmente".[108] *Lato sensu*, é claro: relembro que esta-

106 Celso Furtado, entrevista à revista *Bundas*, 12-19 de outubro de 1999, p. 11.
107 Cf. Sérvulo Augusto Figueira, "Machado de Assis, Roberto Schwarz: psicanalistas brasileiros?", in *Nos bastidores da psicanálise*, Rio de Janeiro, Imago, 1991.
108 João Sayad, "Cronicamente inviável", *Folha de São Paulo*, 10.07.2000, p.D-2.

mos falando da Lei e da Ordem num mundo sem culpa, e cujo desajuste no plano global está emprestando um novo significado à desordem do nosso progresso de antigamente.

De volta ao filme: "duas dondocas atropelam mendigos e, em vez de socorrerem as vítimas, produzem discursos bem articulados em que se isentam de culpa"[109]. Aberrações à parte, a grande novidade está precisamente nessa "articulação", na desenvolta capacidade intelectual para "formular", coisa inédita à vista da tradicional boçalidade de nossa gente fina, possivelmente o mais precioso legado da atual elite dirigente para a história da civilização brasileira: diante da série de horrores do cotidiano nacional, todos "formulam" muito bem. Continuando: "[uma delas, a dondoca professoral] afirma que não tem culpa se o atropelado desrespeitou a lei, que não é possível viver num país no qual as pessoas não têm a mínima noção de contrato social"[110]. Na verdade, pelo menos neste tópico da culpabilização dos indivíduos empurrados para as margens do sistema, por inimpregáveis

109 Luis Zanin Oricchio, O Estado de São Paulo, 14.05.2000, p. D-6. "Quase todos os personagens do filme, na verdade, estão às voltas com o mesmo problema: o de livrar-se de qualquer responsabilidade pelos horrores que acontecem no país", Marcelo Coelho, *Folha de São Paulo*, 10.05.2000, p. E-10.

110 Luis Zanin Oricchio, loc.cit.

e insolváveis não temos total primazia, bem como no que concerne à correspondente irresponsabilização dos grupos dirigentes que aparentam barganhar, em nome da choldra inepta e desdentada, com o vasto mundo da riqueza cosmopolita. Não custa lembrar, para voltar ao ponto, mais exatamente a um outro ponto em que parecem convergir o mundo sem culpa da elite brasileira e o mundo do trabalho europeu culpabilizado pelo seu próprio desmanche, que, se é certo que a crescente irreponsabilização do comando político-econômico no Brasil tem raízes locais, reforçadas hoje, como se viu, pelo livre acesso patrimonialista ao dinheiro mundial, algo terá a ver com o novo *ethos* da reestruturação produtiva de cunho gerencialista-flexível, cujo ponto de honra consiste justamente no domínio da arte de exercer o mais incontrastado poder sem ser responsabilizado por coisa alguma que não seja debitado à rediviva "força das coisas", do chão de fábrica aos gabinetes ministeriais. Desse novo *habitus* decorre a famigerada "arrogância" da nova classe dirigente, com a qual aliás se chocaram de frente os grevistas franceses de 1995.[111] Uma outra

111 Cf. Jean-Pierre Le Goff, "Le grand malentendu", in Jean-Pierre Le Goff/Alain Caillé, *Le tournant de décembre*, Paris, La Découverte, 1996; do mesmo Le Goff, ver *L'Illusion du management*, Paris, La Découverte, 1998. Relembro mais uma vez que a matéria bruta ideológica da qual Luc Boltanski e Ève Chiapello desentranharam as

figura da fuga à responsabilidade – só a "mudança" é o agente responsável, observa por sua vez Richard Sennett, a propósito da demagogia anti-autoritária de que trabalho e capital jogam agora no mesmo time: se todo mundo é vítima de sua época, a autoridade se torna invisível – é a ironia branca dos pós-modernos. Assim, o homem irônico, transformado por Richard Rorty em herói intelectual do nosso tempo nada mais é do que a transposição *highbrow* do universo, sem padrão de autoridade e responsabilidade, da acumulação flexível.[112] Nesse jogo do poder irresponsável, a ironização das condutas obviamente se bifurca: para cima, a autoridade descaracterizada pela alegação de que os processos destrutivos em curso são comandados pela ironia objetiva das coisas, cega por definição; para baixo, a auto-desmoralização da dissidência. Pois na periferia, a Dialética da Malandragem, agora na berlinda mundial, também poderia ser decifrada nos seus primórdios carregados de futuro como uma sorte de ironização permanente das motivações, com a ressalva que o desafogo prometido deu no que estamos vendo.

linhas de força do Novo Espírito do Capitalismo provém sobretudo do jargão do management flexível.

112 Cf. Richard Sennett, *The corrosion of character*, ed.cit., cap.6.

O crítico de cinema Paulo Emílio Salles Gomes costumava se referir às classes fundamentais de uma periferia em que a condição colonial era reconfigurada à cada variação do centro hegemônico mundial, como "ocupante" e "ocupado". Mais do que nunca vale a pena reler o trecho premonitório à luz da atual regressão colonial, conforme vão avançando as fronteiras imateriais do novo imperialismo, as que verdadeiramente contam, o resto são encargos fiscais-repressivos da administração local: "nunca fomos propriamente ocupados. Quando o ocupante chegou o ocupado existente não lhe pareceu adequado e foi necessário criar outro (...) A peculiaridade do processo, o fato do ocupante ter criado o ocupado à sua imagem e semelhança fez deste último, até certo ponto, o seu semelhante. Psicologicamente, ocupado e ocupante não se sentem como tais: de fato, o segundo também é nosso e seria sociologicamente absurdo imaginar a sua expulsão como os franceses foram expulsos da Argélia (...) O quadro se complica quando lembramos que a Metrópole de nosso ocupante nunca se encontra onde ele está, mas em Lisboa, Madri, Londres ou Washington (...) Basta por ora atentar para a circunstância de o emaranhado social brasileiro não esconder, para quem se dispuser a enxergar, a presença em seus postos respectivos do ocupante e do ocupado."

Isto dito em 1973.[113] A atual dessolidarização pós-nacional acabou fazendo justiça à verdade daquele anacronismo. Vinte anos depois, Celso Furtado reparava que os ricos nacionais, por assim dizer baseados no Brasil, voltaram a ser vistos como habitantes de outro planeta.[114]

"Nós éramos e somos ilegais" (I)

Pode-se dizer que os estudos recentes da urbanista Ermínia Maricato estão passando a limpo a matriz brasileira dessa segunda periferização do mundo. Estou me referindo em particular a um livro – *A metrópole na periferia do capitalismo*[115] – cujo título (parafraseado lá na frente, como o leitor terá por certo notado) enuncia precisamente esse "curto circuito entre metrópole e periferia"[116], as quais em princípio não poderiam andar juntas. Mas ao se juntarem nas megacidades do capitalismo periférico – quer dizer, de um lado um arremedo de cidade global servindo de isca para atrair investidores internacionais, de ou-

113 No primeiro numero da revista Argumento, recolhido depois em Paulo Emílio, *Cinema: trajetória no subdesenvolvimento*, São Paulo, Paz e Terra, 1980, p. 77.
114 Cf. Celso Furtado, *O capitalismo global*, São Paulo, Paz e Terra, 1998, p.40.
115 São Paulo, Hucitec, 1996.
116 Como o caracterizou Otília Arantes, a cuja resenha me reportarei a seguir.

tro, o inchaço entrópico de pobreza e desamparo das periferias –, revelam o fundo falso, ou melhor, verdadeiro, do "mundo sem culpa" na sua mais avançada reconfiguração, uma outra atualização, desta vez urbana. Pois Ermínia Maricato simplesmente reencontrou o fio malandro da ordem e da desordem na urbanização à brasileira, por sinal o mesmo que o crítico literário Roberto Schwarz – cujos esquemas lhe serviram de sonda – redescobrira no narrador machadiano, o figurão de nosso antigo regime liberal-escravista, empenhado em demonstrar sua superioridade ora acatando a norma culta do mundo europeu, ora afrontando e desacreditando suas mesmas fumaças civilizadoras. Valeria assim para a produção capitalista do espaço na cidade o mesmo rebaixamento contemporâneo daquela mesma alternância outrora popular entre o lícito e o ilícito, agora na forma de uma articulação perversa entre poder público arbitrário e relegação social.

Resenhando livremente o livro, Otília Arantes – cujo comentário passo a acompanhar ao pé da letra – sugeriu que a seguinte constatação bem poderia servir-lhe de epígrafe: "nós éramos e somos ilegais".[117] A

117 Cf. "Pobre cidade grande", Jornal de Resenhas 10.05.97, depois recolhido no volume de ensaios, *Urbanismo em fim de linha*, São Paulo, EDUSP, 1999.

fala é de um ex-favelado e exprime o desalento de um homem precário, cuja posse ilegal de um lote clandestino deixa-o à mercê de toda sorte de arbitrariedades – da polícia ao judiciário. Ocorre que esse infrator nato e indefeso é incentivado pelo próprio Estado, e suas ramificações no submundo dos negócios imobiliários, a prosseguir na ocupação ilegal do solo, com a ressalva malandra, própria de uma sociedade que conjuga sem exclusivismos o sim e o não, e cultiva a flexível ambivalência das zonas intermediárias entre o certo e o errado: a legislação tanto pode ser aplicada ou não ser; ora vale a informalidade clientelista, ora as leis do mercado. Continuo citando. Passando para o polo dominante, a mesma declaração pode ser relida em chave cínica. Aqui o jogo entre a exceção e a regra prossegue na contravenção sistematicamente praticada pelas elites. É sempre bom lembrar que estreamos na vida soberana como um Estado negreiro, um infrator nato também, no caso, das leis internacionais contra a pirataria. Completando o raciocínio, o fecho da brasilianização do mundo: na última década, os organismos multilaterais passaram a recomendar a regularização à brasileira dos assentamentos espontâneos (*sic*), também à brasileira. Em suma, dialética da malandragem em escala global.

"Nós éramos e somos ilegais" (II)

A consumada modernidade flexível então é isso que se está vendo no velho laboratório brasileiro da mundialização: esse entra e sai na esfera peculiar dos mais diversos ilegalismos, tanto no plano da mera viração dos despossuídos, quanto no âmbito da alta transgressão que distingue os pilares da sociedade nacional. Acrescido o conjunto de uma outra contribuição igualmente idiossincrática, a aplicação caprichosa da lei[118], arbitrariedade que, no caso, deveria paradoxalmente regular a produção do espaço urbano. Assim, ainda na observação da mesma Ermínia Maricato, o regime altamente flexível que vigora nesta terra de ninguém que é a cidade ilegal não só demanda, e por isso mesmo, um aparato regulatório inchado no limite do surreal, como convive muito bem com este seu par alterno.

Pois essa mesma "fúria regulatória" se manifesta igualmente no desmanche do mundo brasileiro do trabalho, além do mais regida ela também pela mesma lógica dual que estamos redescobrindo na síndro-

118 Wanderley Guilherme dos Santos fala de "punição aleatória e penas erráticas", a propósito do hibridismo institucional brasileiro, in *Razões da Desordem*, Rio de Janeiro, Rocco, 1993, cap.3. A seu ver o Brasil da recém inaugurada década de 90 e sua fieira de ajustes macroeconômicos, teria reativado algo como uma versão de mercado do modelo máfia.

me da brasilianização do mundo. Até onde sei, a evolução dessa outra anomalia local vem sendo acompanhada por um grupo de pesquisadores da "nova questão social" brasileira, como denominam o amálgama da pobreza "atrasada" com os novos deserdados da reestruturação produtiva global, do qual resulta um pacote moderno de "excluídos" reconduzidos à condição natural de paisagem.[119] Está claro que à vista da espantosa instabilidade ocupacional que caracteriza o mercado de trabalho no Brasil tudo se passa como se também nesse domínio avançado da sociedade global de risco fôssemos igualmente flexíveis de nascença. Mas não é só o formidável e crescente contingente de trabalhadores que hoje transitam num perpétuo vai-e-vem entre desemprego e as mil formas de trabalho precário e que por isso mesmo vivem numa espécie de confinamento, aquém das parcas garantias sociais conquistadas pelos assalariados formais. Também estes últimos não logram escapar à malha desestruturante das ilegalidades consentidas. Pois é aqui que a mencionada "fúria regulatória" convive com a burla rotineira das normas contratuais, de sorte que por meio das práticas recorrentes de demissão o nú-

119 No que segue me apoio sobretudo em Vera da Silva Telles: "Questão social: afinal do que se trata?", in *Revista do SEADE*, São Paulo, outubro-dezembro de 1996; "No fio da navalha", paper, Instituto Polis, São Paulo, 1998.

cleo duro do trabalho organizado acaba se reencontrando com o outro extremo da informalidade.[120] No limite dessa trama de ilegalismos, categorias profissionais inteiras acabam simplesmente "desaparecendo", e das estatísticas e da representação sindical. Graças à terceirização predatória e suja, não estão "fora" do mercado, apenas se tornaram socialmente invisíveis[121]. Tal como os sem-teto, expurgados do atual Censo nacional por ordens "científicas" superiores.[122]

Pensando bem, o admirável mundo novo do trabalho é aqui mesmo. Basta um exemplo, colhido na vanguarda dos *flextimers*. Refiro-me aos novos campeões da flexibilidade, situados bem no alto da escala das qualificações requeridas por uma economia baseada no trabalho com informação. Sob o novo regime global do risco, são aqueles que integram o coração de uma força de trabalho em permanente disponibilidade e que portanto estão a perigo, como se diz, caso não sejam conectáveis a qualquer mo-

120 Do mesmo modo, um Estado altamente regulatório, segundo Wanderley Guilherme, tornou-se o criador de grupos de interesse rentistas, op.cit., 114, Fechando o argumento, Vera Telles vê no tráfico de drogas e demais manifestações do crime organizado, através dos quais os tais "excluídos" forçam a porta de entrada no mercado, uma espécie de versão popular e mais condizente do neoliberalismo – pragmático ou não.

121 Cf. Vera da Silva Telles, "Questão social: afinal, do que se trata", loc.cit.

122 *Folha de São Paulo*, 19.09.2000, p.I-4.

mento e em qualquer lugar. O olho bem treinado do historiador brasileiro Luiz Felipe de Alencastro para as anomalias do mercado de trabalho nacional não teve dificuldade em reconhecer no último produto do lixo cinematográfico americano – "Missão impossível 2", ou coisa que o valha – uma estilização involuntária desse ultra-flexível trabalho à disposição, na figura do "mocinho" mobilizável pela rede telemática do Império em qualquer canto para salvar a humanidade, ou garantir os lucros extraordinários de sua firma. E como se trata de um olho escolado pelo secular entrelaçamento de trabalho compulsório e trabalho dito livre, sobretudo reconheceu, sob o verniz *high-tech* do indivíduo isolado pronto para ser empregado em qualquer circunstância, nada mais nada menos do que uma espécie de empregada doméstica à brasileira, devidamente globalizada. Pois nada mais parecido com a servidão dessa *disposable labor force* de última geração do que o destino emblemático da pobre criatura colonial, "alojada no quartinho do fundo da casa ou do apartamento e pronta, todo dia, toda hora, para atender os pedidos e os abusos do patrão, da madame e dos filhos da família".[123] Continuamos portanto na

123 Luiz Felipe de Alencastro, "A servidão de Tom Cruise", *Folha de São Paulo*, Caderno *Mais!*, 13.08.2000, p.7. Novamente não estou dizendo nada que um cartógrafo das fraturas francesas, por exemplo, não pudesse rastrear por si mesmo. Sobretudo se o leitor de An-

vanguarda. Outra vez, um laboratório e tanto do famigerado desenvolvimento desigual e combinado de um capitalismo que parece continuar o mesmo. Ou não?

dré Gorz. Na intenção do qual aproveito a deixa para relembrar um passo "brasileiro" de sua crítica das falsas superações da sociedade salarial, justamente o que diz respeito à alegada passagem da sociedade industrial para a economia informacional de serviços. Quero me referir a uma outra dimensão da "dualização" das sociedade centrais, seu aspecto propriamente colonial, a ressurreição pós-moderna do trabalho servil, o trabalho da multidão pauperizada, cujo métier doravante é servir, e servir para que fique bem claro que são inferiores e que as novas hierarquias estão aí para ficar e por isso mesmo estão sendo monetizadas. Cf. André Gorz, "Pourquoi la société salariale a besoin des nouveaux valets" in *Manière de Voir*, n.18, 1963, pp.48-52.

CADERNOS ULTRAMARES

1. O movimento modernista *Mário de Andrade*
2. As ideias fora do lugar *Roberto Schwarz*
3. Temporalidades *Gabriel Cohn*
4. O ressentimento no Brasil *Maria Rita Kehl*
5. A grande porta do medo *Rogério Duarte*
6. O entre-lugar do discurso latino-americano *Silviano Santiago*
7. A fratura brasileira do mundo *Paulo Arantes*
8. A Gaia Ciência — Literatura e música popular no Brasil *José Miguel Wisnik*
9. Breve história crítica do feminismo no Brasil *Carla Rodrigues*
10. A paixão de Clarice *Benedito Nunes*
11. Vampiros & coqueiros *Jorge Mautner*
12. O homem cordial *Sérgio Buarque de Holanda*
13. Pedaços *Luiz Rosemberg Filho*
14. Antropofagia Zumbi *Suely Rolnik*
15. Alegoria, modernidade, nacionalismo *Ismail Xavier*
16. O dois e seu múltiplo *Tânia Stolze Lima*
17. A roupa da Rachel *Heloísa Buarque de Hollanda*
18. Experimentar o experimental *Hélio Oiticica*
19. O futuro da ideia de autor *Francisco Bosco*
20. A estética do frio *Vitor Ramil*
21. No palácio de Moebius *Nuno Ramos*
22. Sobre a potência política do inumano *Vladimir Safatle*
23. O problema da filosofia no Brasil *Bento Prado Jr.*
24. Toda comunidade é fascista? Um elogio do nomadismo *Márcio Seligmann-Silva*
25. Revisão dos cem anos de canção brasileira *Luiz Tatit*
26. A produção tardia do teatro moderno no Brasil *Iná Camargo Costa*
27. O espetáculo da miscigenação *Lilia Moritz Schwarcz*
28. Textos tropicais *Antonio Risério*
29. Geração revoltada *Antônio de Alcântara Machado*
30. She don't lie *Tales Ab'Saber*

31. **Retrato do Brasil — parte I** *Paulo Prado*
32. **Retrato do Brasil — parte II** *Paulo Prado*
33. **Discurso aos tupiniquins ou nambás** *Mário Pedrosa*
34. **Arte e tecnologia** *Mário Schenberg*
35. **Política urbana no Brasil** *Raquel Rolnik*
36. **Mística e antimística** *Eduardo Guerreiro B. Losso*
37. **Surrealismo no Brasil** *Claudio Willer*
38. **A inserção do negro e seus dilemas** *Joel Rufino dos Santos*
39. **Arte afro-brasileira: o que é afinal?** *Kabengele Munanga*
40. **"Cultura" e cultura: conhecimentos tradicionais e direitos intelectuais** *Manuela Carneiro da Cunha*
41. **Zoopoéticas contemporâneas** *Maria Esther Maciel*
42. **Ouvindo Racionais MC's** *Walter Garcia*
43. **Cultura e alienação** *Darcy Ribeiro*
44. **Borges e Machado: clássicos e formativos** *Luís Augusto Fischer*
45. **Por um cinema sem limite** *Rogério Sganzerla*
46. **Do quasi cinema ao transcinema** *Katia Maciel*
47. **A melancolia de Ulisses** *Olgária Matos*
48. **Jamais fomos humanos** *Fréderic Vandenberghe*
49. **Mal-estar, sofrimento e sintoma** *Christian Dunker*
50. **O ensaio como narrativa** *Pedro Duarte*
51. **Manifesto dos educadores** *1932-1959*
52. **Em busca da sociologia não paroquial** *Renan Springer de Freitas*
53. **Inquérito nacional de arquitetura** *1961*
54. **Tradição delirante** *Ericson Pires*

www.ingramcontent.com/pod-product-compliance
Lightning Source LLC
LaVergne TN
LVHW051935220826
846093LV00018B/555

* 9 7 8 6 5 8 6 9 6 2 4 2 0 *